생활 한자어 공부를 겸한

千字文 한자쓰기

종전의 『천자문한자쓰기』 책자들의 불편한 점을 개선하여 편리한 방법의 쓰기 연습 구성과 풍부한 한자의 용례를 수록했습니다.

- 한자 쓰기의 순서
- 한자의 모양 꾸미는 법
- 한자의 필순
- 한자 부수의 이름
- 천자문 쓰기 연습
- 모양이 비슷한 한자

JN359423

도서출판 신나라

머리말

　우리가 매일 사용하는 우리말과 우리글은 한자에서 유래된 것이 많아 전체의 약 70%가 한자말이며, 지금도 한자를 바탕으로 새로운 말이 생겨나고 있습니다. 한자를 알지 못하면 우리말의 정확한 뜻을 알 수가 없는 까닭이 여기에 있습니다. 그러므로 우리말을 쓰면서 자연스럽게 한자를 익혀나가는 것이 필요하다고 하겠습니다.

　한자는 뜻글자(表意文字)이기 때문에 글자의 수가 약 5만자에 이르러 많은 사람들이 처음부터 어려워하며 이를 외면하려 하고 있습니다. 더구나 각 글자의 짜임과 글자의 쓰는 순서, 글자의 뜻과 음을 정확히 알아야 하기에 배우기가 쉽지 않습니다.

　천자문은 중국 남조(南朝) 양나라의 주흥사(周興嗣)가 양무제(梁武帝)의 명으로 지은 것입니다. 4언고시(四言古詩) 250구(句) 1000자(字)로 되어, 자연 현상에서부터 인류 도덕에 이르기까지 삶의 온갖 진리를 표현한 인생철학서라고 할 수 있습니다. 옛 중국과 우리나라의 한문을 처음 배우는 사람들에게는 교과서 겸 쓰기교본의 구실을 하였습니다. 특히 우리나라에서는 한석봉의 천자문이 널리 쓰여 왔습니다.

　그러나 세월이 흐르면서 현재 사용하는 한자와 다른 한자도 있어, 이 책에서는 오늘날 사용되는 한자들을 컴퓨터 편집 방식으로 수록하였습니다. 한자의 음과 뜻은 물론이고 정확한 필순과 한자의 쓰임을 풍부한 보기를 들어 설명하여 실생활에 도움이 되도록 엮었습니다.

　이 책이 한자의 쓰기교본으로 한자를 더욱 잘 쓰고 아는 것 이상으로, 세상을 살아가는 지혜를 알려주는 길잡이가 되어 줄 것을 바라는 마음 간절합니다.

편저자

차 례

머리말

■ 한자 쓰기의 기초/5
■ 한자의 모양 꾸미는 법/6
■ 한자의 필순/7
■ 한자 부수의 이름/9
■ 천자문 쓰기/12
■ 모양이 비슷한 한자/262

한자쓰기의 기초

1. 자 세
글씨를 바르게 쓰기 위해서는 정성스러운 마음과 바른 몸가짐을 가지고 글씨쓰기에 임해야 한다.

2. 펜대 잡는 법
펜대는 펜대 끝에서 1.5 cm 정도 되게 잡고, 몸 쪽으로 45~60° 정도로 기울어지게 하는 것이 좋다. 그러나 한자에는 여러 가지 글씨체가 있고, 또 한글은 한글 특유의 한글체가 있어서 그 나름대로의 펜 쓰는 법이 있으므로, 모든 글씨를 똑같은 각도로 쓰라는 뜻은 아니다.

펜의 종류에 따라서도 대를 잡는 방법이 조금씩 차이가 나므로, 그때 그때 자기에게 알맞은 방법을 선택하도록 한다.

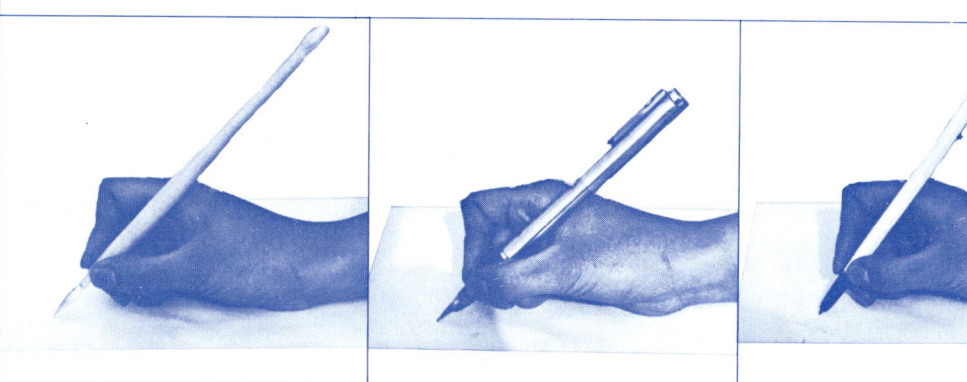

펜 45~60°   만년필 50~60°   볼펜 60~70°

3. 펜촉의 종류와 잉크
① 펜 촉
스푼펜 : 펜끝이 약간 둥글어 종이에 걸리지 않기 때문에 사무용으로 널리 쓰인다.

G 펜 : 끝이 뾰족하고 탄력성이 커서 숫자나 로마자 쓰기에 알맞다.

스쿨펜 : G펜보다 작은데, 가는 글씨 쓰기에 알맞다.

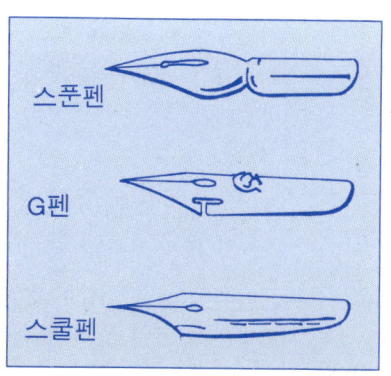

② 잉 크
보통 청색, 녹색, 붉은색, 검은색 등이 있는데, 펜글씨 연습에는 짙은 색을 선택하여 쓰는 것이 알맞다.

한자의 모양 꾸미는 법

한자의 모양을 안정되고 아름답게 나타내기 위한 방법으로, 다음과 같은 규칙에 따라서 쓴다.

변 방 扁과 旁	① 변과 방(몸)을 같은 크기로 쓴다. ② 변을 작게 쓴다. ③ 방을 작게 쓴다.	新 妹 語 江 梅 獨 到 列 判	변을 작게 위로 呼 味 場
관 답 冠과 沓	① 위에서 덮어 씌운 것처럼 쓴다. ② 가로 2등분하여 쓴다. ③ 머리는 크고 발은 작게 쓴다. ④ 머리는 작고 발은 크게 쓴다. ⑤ 받침 구실을 하는 글자는 납작하고 안정감이 있게 쓴다.	空 室 完 霜 露 想 習 賀 皆 忠 思 星 然 孟 書	
수 垂	윗몸을 왼쪽으로 삐치는 글자는 아래 부분을 오른쪽으로 약간 내어 쓴다.	原 歷 廣	
구 構	바깥과 안으로 이루어진 글자는 바깥의 품을 넉넉히 하고, 안에 들어가는 부분의 공간을 알맞게 채워 쓴다.	園 國 問	
요 繞	① 독립자로 된 한자로 된 받침은 먼저 쓰고, ② 독립자가 아닌 받침은 나중에 쓰되 글자 모양이 네모가 되게 쓴다.	①　　② 起　近	

기타 글자 모양이 □ □ □ △ ▽ ◇ ○ 등이 되게 쓴다.

한자의 필순

필순에 따라 쓰면, 한자의 모양을 바르게, 빨리 쓸 수 있게 된다. 필순에 대해서는 여러 가지 원칙과 예외가 있지만, 여기에서는 가장 기본이 되는 원칙들을 익히도록 한다.

〈필순의 원칙과 보기〉
① 윗부분을 먼저 쓰고, 아랫 부분을 쓴다.
　　〈보기〉 三 : 一 → 二 → 三
　　　　　　今 : 人 → 仒 → 今
　　　　　　言 : 一 → 亠 → 言

② 왼쪽 부분을 먼저 쓰고, 오른쪽 부분을 쓴다.
　　〈보기〉 川 : 丿 → 刂 → 川
　　　　　　行 : 彳 → 行
　　　　　　信 : 亻 → 信

③ 가운데 부분을 먼저 쓰고 왼쪽, 오른쪽의 순서로 쓴다.
　　〈보기〉 小 : 亅 → 刂 → 小
　　　　　　水 : 亅 → 刂 → 水

④ 가로 세로가 교차할 때는 가로 획을 먼저 쓴다.
　　〈보기〉 十 : 一 → 十
　　　　　　寸 : 一 → 十 → 寸
　　　　　　土 : 一 → 十 → 土

⑤ 가운데를 뚫는 획은 나중에 긋는다.
　　〈보기〉 中 : 口 → 中
　　　　　　半 : 丶 → 丷 → 半
　　　　　　平 : 一 → 二 → 平

⑥ 허리를 끊은 획은 나중에 긋는다.
　〈보기〉 母 : ㄥ → 母 → 母
　　　　 女 : ㄑ → 夂 → 女
　　　　 子 : ㄱ → 了 → 子

⑦ 아래로 에운 획은 나중에 긋는다.
　〈보기〉 七 : 一 → 七
　　　　 也 : ㄱ → 力 → 也
　　　　 巳 : ㄱ → コ → 巳

⑧ 받침은 나중에 긋는다.
　〈보기〉 近 : 斤 → 近
　　　　 建 : ⺻ → 聿 → 建
　　　　 進 : 亻 → 隹 → 進

⑨ 뒤에서 아래로 에워싼 획은 먼저 쓴다.
　〈보기〉 力 : ㄱ → 力
　　　　 方 : 亠 → 亍 → 方

⑩ 오른쪽 위에 있는 점은 맨 나중에 찍는다.
　〈보기〉 代 : 亻 → 仁 → 代 → 代
　　　　 成 : 厂 → 成 → 成 → 成

⑪ 몸과 안이 있을 때는 몸부터 쓴다.
　〈보기〉 同 : 冂 → 冋 → 同
　　　　 用 : 冂 → 用

한자 부수의 이름

[1 획]

부수	이름
一	한 일
丨	뚫을 곤
丶	불똥 주(점)
丿	삐칠 별(삐침)
乙	새 을
亅	갈고리 궐

[2 획]

부수	이름
二	두 이
亠	머리 두(돼지해밑)
人(亻)	사람 인(인변)
儿	걷는 사람 인
入	들 입
八	여덟 팔
冂	멀 경(멀경몸)
冖	덮을 멱(민갓머리)
冫	얼음 빙(이수변)
几	안석 궤(책상궤)
凵	입 벌릴 감(위터진입구)
刀(刂)	칼 도(선칼도)
力	힘 력
勹	쌀 포
匕	비수 비
匚	상자 방(터진입구)
匸	감출 혜(터진에운담)
十	열 십
卜	점 복
卩(㔾)	병부 절(마디절)
厂	굴바위 엄(민엄호)
厶	사사 사(마늘모)
又	또 우

[3 획]

부수	이름
口	입 구
囗	에울 위(큰입구)
土	흙 토
士	선비 사
夂	뒤져 올 치
夊	천천히 걸을 쇠
夕	저녁 석
大	큰 대
女	계집 녀
子	아들 자
宀	집 면(갓머리)
寸	마디 촌
小	작을 소
尢	절름발이 왕
尸	주검 시
屮	싹날 철(왼손좌)
山	메 산
巛	내 천(개미허리)
工	장인 공
己	몸 기
巾	수건 건
干	방패 간
幺	작을 요
广	집 엄(엄호)
廴	길게 걸을 인(민책받침)
廾	손 맞잡을 공(밑스물십)
弋	주살 익
弓	활 궁
彐	돼지 머리 계 (터진가로왈)
彡	터럭 삼(삐친석삼)
彳	자축거릴 척(중인변)

[4 획]

부수	이름
心(忄)	마음 심(심방변)
戈	창 과
戶	지게 호(문호)
手(扌)	손 수(재방변)
支	지탱할 지
攴(攵)	칠 복(등글월문)
文	글월 문
斗	말 두
斤	도끼 근(날근변)
方	모 방
无(旡)	없을 무(이미기방)
日	날 일
曰	가로 왈
月	달 월
木	나무 목
欠	하품 흠
止	그칠 지
歹(歺)	뼈 앙상할 알(죽을사)
殳	칠 수(갖은등글월문)
毋	말 무
比	견줄 비
毛	터럭 모
氏	성씨 씨(각시씨)
气	기운 기
水(氵)	물 수(삼수변)
火(灬)	불 화

爪(爫)	손톱 조
父	아버지 부(아비부)
爻	사귈 효(점괘효)
爿	조각널 장(장수장변)
片	조각 편
牙	어금니 아
牛(牜)	소 우
犬(犭)	개 견(개사슴록변)

[5 획]

玉(王)	구슬 옥
玄	검을 현
瓜	오이 과
瓦	기와 와
甘	달 감
生	날 생
用	쓸 용
田	밭 전
疋	발 소(짝필변)
疒	병들 녁(병질안)
癶	걸을 발(필발머리)
白	흰 백
皮	가죽 피
皿	그릇 명
目	눈 목
矛	창 모
矢	화살 시
石	돌 석
示(礻)	보일 시
禸	짐승 발자국 유
禾	벼 화
穴	구멍 혈
立	설 립

[6 획]

竹(⺮)	대 죽
米	쌀 미
糸	실 사
缶	장군 부
网(罒)	그물 망
羊(⺷)	양 양
羽	깃 우
老(耂)	늙을 로
而	말 이을 이
耒	쟁기 뢰
耳	귀 이
聿	붓 률
肉(月)	고기 육(육달월변)
臣	신하 신
自	스스로 자
至	이를 지
臼	절구 구(확구)
舌	혀 설
舛	어긋 천
舟	배 주
艮	그칠 간
色	빛 색
艸(艹)	풀 초(초두)
虍	범의 문채 호(범호)
虫	벌레 충
血	피 혈
行	다닐 행
衣(衤)	옷 의
襾(西)	덮을 아

[7 획]

見	볼 견
角	뿔 각
言	말씀 언
谷	골 곡
豆	콩 두
豕	돼지 시
豸	발 없는 벌레 치
貝	조개 패
赤	붉을 적
走	달아날 주
足	발 족
身	몸 신
車	수레 거
辛	매울 신
辰	별 진
辵(辶)	쉬엄쉬엄 갈 착(책받침)
邑(阝)	고을 읍(우부방)
酉	닭 유
釆	분별할 채
里	마을 리

[8 획]

金	쇠 금
長	긴 장
門	문 문
阜(阝)	언덕 부(좌부방)
隶	밑 이
隹	새 추
雨	비 우
青	푸를 청
非	아닐 비

[9 획]

面	낯 면
革	가죽 혁
韋	가죽 위
韭	부추 구
音	소리 음
頁	머리 혈
風	바람 풍
飛	날 비
食(飠)	밥 식

首	머리 수	龜	거북 귀	
香	향기 향		**[17 획]**	
	[10 획]	龠	피리 약	
馬	말 마			
骨	뼈 골			
高	높을 고			
髟	머리 늘어질 표(터럭발)			
鬥	싸움 투			
鬯	술 창			
鬲	오지병 격			
鬼	귀신 귀			
	[11 획]			
魚	물고기 어			
鳥	새 조			
鹵	소금밭 로			
鹿	사슴 록			
麥	보리 맥			
麻	삼 마			
	[12 획]			
黃	누를 황			
黍	기장 서			
黑	검을 흑			
黹	바느질 치			
	[13 획]			
黽	맹꽁이 맹			
鼎	솥 정			
鼓	북 고			
鼠	쥐 서			
	[14 획]			
鼻	코 비			
齊	가지런할 제			
	[15 획]			
齒	이 치			
	[16 획]			
龍	용 룡			

天	하늘 천	一 一 チ 天
		天才(하늘 **천**, 재주 **재**) 날 때부터 갖춘 재주. 또는, 뛰어난 재주.
		天下(하늘 **천**, 아래 **하**) 하늘 아래. 온 나라.
地	땅 지	一 十 土 扩 圹 地
		地球(땅 **지**, 구슬 **구**) 인류가 사는 천체(天體).
		垈地(집터 **대**, 땅 **지**) 집터로서의 땅.
玄	검을 현	、 一 亠 玄 玄
		玄學(검을 **현**, 배울 **학**) 심오한 학문.
		玄米(검을 **현**, 쌀 **미**) 벼의 껍질만 벗기고 쓿지 않은 쌀.
黃	누를 황	一 十 卄 出 世 芒 芒 带 黃 黃 黃
		黃金(누를 **황**, 쇠 **금**) 금. 즉, 재물을 일컬음.
		黃土(누를 **황**, 흙 **토**) 누르고 거무스름한 흙.

天地玄黃: 하늘은 위에 있어서 그 빛이 검고, 땅은 아래에 있으므로 그 빛이 누렇다.

宇	집 우	、 ハ 宀 宁 宇 宇
		宇宙(집 **우**, 집 **주**) 세계. 또는, 천지간 만물을 포용하는 공간.
		屋宇(집 **옥**, 집 **우**) 여러 집채.
宙	집 주	、 ハ 宀 宁 宁 宙 宙
		住宅(집 **주**, 집 **택**) 사람이 살 수 있도록 지은 집.
洪	넓을 홍	、 丶 氵 氵 汁 洲 洪 洪 洪
		洪水(넓을 **홍**, 물 **수**) 큰물. 사람이나 사물 등이 아주 많음을 나타내는 말.
荒	거칠 황	、 一 卄 卄 芒 芒 芒 荒 荒
		荒野(거칠 **황**, 들 **야**) 손질하지 않아 거칠게 된 들판.
		荒畓(거칠 **황**, 논 **답**) 거칠어서 못 쓸 논.

宇宙洪荒: 하늘과 땅 사이 즉, 이 세상은 매우 크고 넓어서 끝이 없다.

天	天 天 天 天 天 天 天 天 天 天
地	地 地 地 地 地 地 地 地 地 地
玄	玄 玄 玄 玄 玄 玄 玄 玄 玄 玄
黃	黃 黃 黃 黃 黃 黃 黃 黃 黃 黃

天地玄黃 : 하늘은 위에 있어서 그 빛이 검고, 땅은 아래에 있으므로 그 빛이 누렇다.

宇	宇 宇 宇 宇 宇 宇 宇 宇 宇 宇
宙	宙 宙 宙 宙 宙 宙 宙 宙 宙 宙
洪	洪 洪 洪 洪 洪 洪 洪 洪 洪 洪
荒	荒 荒 荒 荒 荒 荒 荒 荒 荒 荒

宇宙洪荒 : 하늘과 땅 사이 즉, 이 세상은 매우 크고 넓어서 끝이 없다.

日月盈仄	날 일	ㅣ 冂 日 日
		日出(날 **일**, 날 **출**) 해가 돋는 것.
		來日(올 **래**, 날 **일**) 오늘의 바로 다음 날.
	달 월	ㅣ 刀 月 月
		月光(달 **월**, 빛 **광**) 달빛.
		歲月(해 **세**, 달 **월**) 흘러가는 시간.
	찰 영	ノ 乃 乃 㐲 㐲 㔫 盈 盈 盈
		盈月(찰 **영**, 달 **월**) 보름달이 됨. 만월.
	기울 측	一 厂 厃 仄
		仄聞(기울 **측**, 들을 **문**) 얼핏 풍문에 듣는 것.

日月盈仄 : 해는 서쪽으로 기울고, 달도 차면 기울어진다.

辰宿列張	별 진	一 厂 厂 厂 厉 辰 辰
		辰生(별 **진**, 날 **생**) 진년에 태어남.
	잘 숙	ㆍ 宀 宀 宀 宀 宀 宿 宿 宿 宿
		宿命(잘 **숙**, 목숨 **명**) 날 때부터 정해진 운명.
		下宿(아래 **하**, 잘 **숙**) 돈을 내고 남의 집에서 먹고 자는 것.
	벌릴 렬	一 丆 歹 歹 列 列
		陳列(베풀 **진**, 벌릴 **열**) 여러 사람에게 보이기 위하여 죽 늘어 놓는 것.
	베풀 장	ㄱ ㄱ 弓 弓 尹 严 張 張 張 張
		張力(베풀 **장**, 힘 **력**) 당기거나 당겨지는 힘.
		主張(주인 **주**, 베풀 **장**) 자기의 주의나 의견을 내세우는 것.

辰宿列張 : 별들은 모두 제자리가 있어서 하늘에 고루 펼쳐져 있다.

日月盈仄：해는 서쪽으로 기울고, 달도 차면 기울어진다.

辰宿列張：별들은 모두 제자리가 있어서 하늘에 고루 펼쳐져 있다.

寒	찰 한	丶 丶 宀 宁 宁 审 宲 寒 寒 寒 寒
來		寒氣(찰 **한**, 기운 **기**) 추위. 추운 기운. 大寒(큰 **대**, 찰 **한**) 아주 심한 추위.
	올 래	一 厂 厂 厂 來 來 來 來
暑		來日(올 **래**, 날 **일**) 오늘의 바로 다음날. 未來(아닐 **미**, 올 **래**) 장차 올 앞날.
	더울 서	丶 冂 日 日 旦 旦 모 昇 昇 昇 暑 暑
往		大暑(큰 **대**, 더울 **서**) 몹시 더운 더위. 暴暑(사나울 **폭**, 더울 **서**) 매우 사나운 더위.
	갈 왕	丶 彳 彳 彳 彳 往 往 往
		往來(갈 **왕**, 올 **래**) 오고 가는 것. 서로 교제하는 것. 往復(갈 **왕**, 회복할 **복**) 갔다가 돌아오는 것.

寒來暑往 : 추위가 오면 더위가 가서 사철이 바뀐다.

秋	가을 추	一 二 千 千 禾 禾 禾 秋 秋
		秋收(가을 **추**, 거둘 **수**) 가을에 익은 곡식을 거두어 들이는 일. 中秋(가운데 **중**, 가을 **추**) 가을의 한가운데. 추석.
收	거둘 수	丨 ㇄ 屮 屮 收 收
		收復(거둘 **수**, 회복할 **복**) 잃은 땅을 다시 찾아 거둠. 收錄(거둘 **수**, 기록할 **록**) 모아서 기록함.
冬	겨울 동	丶 夂 夂 冬 冬
		冬眠(겨울 **동**, 잘 **면**) 냉혈동물의 겨울잠. 越冬(넘을 **월**, 겨울 **동**) 겨울을 남.
藏	간직할 장	一 艹 艹 艹 芹 芦 芹 菥 菥 菥 藏 藏 藏
		藏書(간직할 **장**, 글 **서**) 책을 간직해 두는 것. 또는 그 책. 包藏(쌀 **포**, 간직할 **장**) 물건을 싸서 간직하는 것.

秋收冬藏 : 가을에는 곡식을 거두어 들이고, 겨울에는 추수한 곡식을 저장한다.

寒來暑往 寒寒寒寒寒寒寒寒寒寒
來來來來來來來來來來
暑暑暑暑暑暑暑暑暑暑
往往往往往往往往往往

寒來暑往 : 추위가 오면 더위가 가서 사철이 바뀐다.

秋收冬藏 秋秋秋秋秋秋秋秋秋秋
收收收收收收收收收收
冬冬冬冬冬冬冬冬冬冬
藏藏藏藏藏藏藏藏藏藏

秋收冬藏 : 가을에는 곡식을 거두어 들이고, 겨울에는 추수한 곡식을 저장한다.

閏	윤달 윤	丨 𠃜 𠃝 𠃋 𠃌 門 門 門 閂 閏 閏 閏
		閏月(윤달 **윤**, 달 **월**) 윤달. 閏年(윤달 **윤**, 해 **년**) 윤달이 드는 해.
餘	남을 여	丿 𠂉 仒 仐 今 仓 仓 仺 飠 飠 飠 飧 飩 餘
		餘韻(남을 **여**, 운치 **운**) 가시지 않고 남아 있는 운치. 餘裕(남을 **여**, 넉넉할 **유**) 넉넉하고 남음이 있음.
成	이룰 성	丿 厂 厂 成 成 成
		成功(이룰 **성**, 공 **공**) 목적을 이루는 것. 成立(이룰 **성**, 설 **립**) 일이나 물건이 이루어지는 것.
歲	해 세	丶 丅 止 止 产 产 产 产 岸 岸 歳 歲 歲
		歲費(해 **세**, 쓸 **비**) 1년 동안에 드는 비용. 歲入(해 **세**, 들 **입**) 예산에서의 한 해의 총수입.

閏餘成歲 : 1년의 남은 시간들을 모아서 4년마다 한차례씩 윤달을 두어 윤년을 정하였다.

律	법 률	丿 ㇀ 彳 彳 彳 律 律 律 律
		律士(법 **율**, 선비 **사**) 법률가. 法律(법 **법**, 법 **률**) 질서 유지를 위해 강제하는 규범.
呂	음률 려	丨 冂 口 吕 吕 呂 呂
		六呂(여섯 **육**, 음률 **려**) 십이율(十二律) 중 음성(陰聲)에 속하는 여섯 소리
調	고를 조	丶 二 三 言 言 言 訂 訂 訵 調 調 調 調
		調和(고를 **조**, 고를 **화**) 이것과 저것이 서로 고르게 잘 어울리는 것.
陽	볕 양	丨 阝 阝 阝 阝 阳 阳 陽 陽 陽 陽
		陽地(볕 **양**, 땅 **지**) 볕이 바로 드는 땅. 漢陽(한수 **한**, 볕 **양**) 서울의 옛 이름.

律呂調陽 : 4계절에 맞는 육율(六律)과 육여(六呂)로 천지간의 음률을 조절하였다.

閏餘成歲

閏餘成歲 : 1년의 남은 시간들을 모아서 4년마다 한차례씩 윤달을 두어 윤년을 정하였다.

律呂調陽

律呂調陽 : 4계절에 맞는 육율(六律)과 육여(六呂)로 천지간의 음률을 조절하였다.

雲騰致雨

雲 구름 운	一 二 产 亦 赤 雨 雨 雪 雪 雲 雲 雲
	風雲(바람 **풍**, 구름 **운**) 바람과 구름. 영웅 호걸이 세상에 나와 힘을 발휘하는 기회.

騰 오를 등	丿 刀 月 月 貯 貯 胖 胖 胖 腾 腾 腾 騰 騰
	騰落(오를 **등**, 떨어질 **락**) 오르고 내리는 것. 高騰(높을 **고**, 오를 **등**) 물가가 크게 오르는 것.

致 이를 치	一 二 工 互 至 至 至 至 致 致
	致賀(이를 **치**, 하례할 **하**) 칭찬, 축하의 뜻을 표함. 致死(이를 **치**, 죽을 **사**) 죽음에 이름.

雨 비 우	一 冖 冂 币 币 雨 雨 雨
	雨衣(비 **우**, 옷 **의**) 비가 올 때 입는 옷. 暴雨(사나울 **폭**, 비 **우**) 한꺼번에 많이 쏟아지는 비.

雲騰致雨 : 수증기가 올라가서 구름이 되고, 찬 기운과 만나 비가 된다.

露結爲霜

露 이슬 로	一 二 产 亦 赤 雨 雨 雪 雲 雪 霞 霞 露 露
	露宿(이슬 **노**, 잘 **숙**) 한뎃잠. 甘露(달 **감**, 이슬 **로**) 달콤한 이슬.

結 맺을 결	乙 幺 幺 幺 糸 糸 糸 紅 紅 紅 結 結
	結果(맺을 **결**, 과실 **과**) 어떤 원인으로 생긴 결말의 상태. 終結(마칠 **종**, 맺을 **결**) 끝을 냄.

爲 할 위	一 丶 丆 丆 产 严 严 爲 爲 爲 爲 爲
	爲主(할 **위**, 주인 **주**) 주장을 삼음. 爲國(할 **위**, 나라 **국**) 나라를 위함.

霜 서리 상	一 冖 冂 币 币 雨 雨 雨 雪 霜 霜 霜 霜 霜
	霜菊(서리 **상**, 국화 **국**) 서리 올 때 피는 국화. 霜露(서리 **상**, 이슬 **로**) 서리와 이슬.

露結爲霜 : 수증기는 작은 물방울이 되어 이슬을 맺고, 기온이 더 내려가면 서리가 된다.

雲騰致雨 : 수증기가 올라가서 구름이 되고, 찬 기운과 만나 비가 된다.

露結爲霜 : 수증기는 작은 물방울이 되어 이슬을 맺고, 기온이 더 내려가면 서리가 된다.

金生麗水

쇠 금	ノ 人 𠆢 亽 夳 余 余 金
	金塊(쇠 **금**, 덩어리 **괴**) 금덩어리. 金冠(쇠 **금**, 갓 **관**) 황금으로 만든 관.

날 생	ノ 𠂉 ㅑ 生 生
	生日(날 **생**, 날 **일**) 태어난 날. 生活(날 **생**, 살 **활**) 생명을 가지고 활동하는 것.

빛날 려	一 冂 冃 亜 覀 覀 严 严 麗 麗 麗 麗 麗 麗 麗
	秀麗(빼어날 **수**, 빛날 **려**) 빼어나게 아름다움.

물 수	亅 刂 氺 水
	山水(메 **산**, 물 **수**) 산과 물, 경치. 湖水(호수 **호**, 물 **수**) 땅이 우묵하게 들어가 물이 고인 곳.

金生麗水 : 금은 여수(麗水)에서 난다. 옛날 중국의 여수에서 금이 많이 나온 것을 말한다.

玉出崑岡

구슬 옥	一 二 干 王 玉
	玉篇(구슬 **옥**, 책 **편**) 자형에 따라 만든 한자 사전. 玉童子(구슬 **옥**, 아이 **동**, 아들 **자**) 귀여운 어린 사내아이.

날 출	丨 屮 屮 出 出
	出生(날 **출**, 날 **생**) 태어남. 出入口(날 **출**, 들 **입**, 입 **구**) 드나드는 문.

메 곤	ノ 一 屮 屵 屵 屵 屵 屵 岜 岜 崑 崑
	崑山片玉(메 **곤**, 메 **산**, 조각 **편**, 구슬 **옥**) 훌륭한 사람이나 물건을 일컫는 말.

메 강	丨 冂 冂 冂 冈 冈 岡 岡
	岡陵(메 **강**, 큰 언덕 **릉**) 언덕이나 작은 산.

玉出崑岡 : 옥은 곤강(崑岡)이라는 곳에서 많이 나온다. 곤강은 중국의 강소성에 있는 산 이름이다.

金生麗水 : 금은 여수에서 난다. 옛날 중국의 여수에서 금이 많이 나온 것을 말한다.

玉出崑岡 : 옥은 곤강이라는 곳에서 많이 나온다. 곤강은 중국의 강소성에 있는 산 이름이다.

	칼 검	ノ 人 亼 슷 슈 슝 侖 俞 兪 僉 僉 劍 劍
劍		劍道(칼 **검**, 길 **도**) 검술을 닦는 방도. 長劍(긴 **장**, 칼 **검**) 긴 칼.
號	이름 호	ヽ ㅁ ㅁ 무 号 号' 孚 孚 彔 虓 號 號 號
		號令(이름 **호**, 명령 **령**) 지휘하여 명령하는 것. 番號(차례 **번**, 이름 **호**) 차례를 나타내는 호수.
巨	클 거	丨 厂 下 F 巨
		巨星(클 **거**, 별 **성**) 가장 큰 별. 巨物(클 **거**, 만물 **물**) 큰 물건이나 인물.
闕	집 궐	丨 冂 冖 冖 門 門 門 門 門 闁 闋 闋 闕 闕
		大闕(큰 **대**, 집 **궐**) 궁궐.

劍號巨闕 : 거궐(巨闕)이라는 칼이 있다. (구야자가 만든 조나라의 국보이다.)

珠	구슬 주	一 二 T 王 玉 玗 珍 珒 珠 珠
		珠玉(구슬 **주**, 구슬 **옥**) 구슬과 옥. 값지고 귀한 것. 眞珠(참 **진**, 구슬 **주**) 진주.
稱	일컬을 칭	一 二 千 千 禾 禾 禾' 秆 秆 秆 秤 稱 稱 稱
		稱讚(일컬을 **칭**, 기릴 **찬**) 높이 평가하여 기림. 稱號(일컬을 **칭**, 이름 **호**) 사회적으로 불리는 이름.
夜	밤 야	ヽ 亠 广 广 产 疒 夜 夜
		夜陰(밤 **야**, 그늘 **음**) 밤의 어두운 때. 深夜(깊을 **심**, 밤 **야**) 깊은 밤.
光	빛 광	丨 ⺌ ⺌ ⺍ 歺 光
		光明(빛 **광**, 밝을 **명**) 밝고 환함. 觀光(볼 **관**, 빛 **광**) 다른 지방이나 나라의 문물을 구경함.

珠稱夜光 : 구슬의 빛이 낮과 같이 밝아 야광이라 칭한다.

劍號巨闕 : 거궐이라는 칼이 있다. (구야자가 만든 조나라의 국보이다.)

珠稱夜光 : 구슬의 빛이 낮과 같이 밝아 야광이라 칭한다.

果	과실 과	丶 冂 日 旦 巴 甲 果 果 果樹(과실 **과**, 나무 **수**) 과일나무. 結果(맺을 **결**, 과실 **과**) 열매를 맺는 일.
珍	보배 진	一 二 干 王 玑 玒 珍 珍 珍味(보배 **진**, 맛 **미**) 음식의 썩 좋은 맛. 또는, 그런 음식. 珍品(보배 **진**, 품격 **품**) 진귀한 물품.
李	오얏 리	一 十 才 木 杢 李 李 李唐(오얏 **리**, 당나라 **당**) 중국 당나라 때를 가리키는 말.
柰	벗 내	一 十 才 木 杢 杢 李 柰 柰 앵두과의 일종으로 버찌를 이르는 말이다.

果珍李柰 : 온갖 과일 중에서 으뜸으로 치는 것은 오얏(자두)과 벗(앵두과의 일종)이다.

菜	나물 채	丶 十 廾 艹 艹 艹 芯 茯 荥 萃 菜 菜蔬(나물 **채**, 나물 **소**) 온갖 푸성귀와 나물.
重	중요할 중	一 二 千 千 台 白 重 重 重 重大視(중요할 **중**, 큰 **대**, 볼 **시**) 중대하게 여겨 봄. 重量(무거울 **중**, 헤아릴 **량**) 무게.
芥	겨자 개	丶 十 廾 艹 芥 芥 芥 겨자를 나타내는 말이다.
薑	생강 강	一 艹 艹 艾 芎 芎 苗 苗 菖 菖 萱 萱 薑 薑 생강을 나타내는 말이다.

菜重芥薑 : 나물 중에서는 겨자와 생강이 가장 소중한 것이다.

果珍李柰 : 온갖 과일 중에서 으뜸으로 치는 것은 오얏(자두)과 벚(앵두과의 일종)이다.

菜重芥薑 : 나물 중에서는 겨자와 생강이 가장 소중한 것이다.

海	바다 해	丶 丶 氵 氵 汇 汒 海 海 海 海
		海路(바다 **해**, 길 **로**) 배가 다니는 바다 위의 길. 바닷길. 海外(바다 **해**, 바깥 **외**) 바다의 밖. 바다 밖의 다른 나라.
鹹	짤 함	丶 冂 冃 卤 卤 卤 卤 卤 卤广 卤斤 卤斤 鹹 鹹 鹹
		짠맛을 뜻한다.
河	물 하	丶 丶 氵 氵 汇 汀 河 河 河
		河川(물 **하**, 내 **천**) 개천. 河口(물 **하**, 입 **구**) 바다나 호수로 들어가는 강의 어귀.
淡	맑을 담	丶 丶 氵 氵 汇 氵 汄 汄 汄 汄 淡
		淡水(맑을 **담**, 물 **수**) 맑은 물. 淡香(맑을 **담**, 향기 **향**) 맑고 산뜻한 향기.

海鹹河淡 : 바닷물은 짜나 민물은 맛도 없고 맑다.

鱗	비늘 린	丿 夕 刍 刍 鱼 鱼 鱼 魚 魚 魚 鮃 鮃 鮝 鱗 鱗 鱗
		錦鱗(비단 **금**, 비늘 **린**) 은빛 비늘이라는 뜻으로 아름다운 물고기를 말함.
潛	잠길 잠	丶 氵 氵 氵 氵 沊 沊 沊广 沊广 沊疌 沊疌 潛 潛 潛
		潛水(잠길 **잠**, 물 **수**) 물 속에 잠김.
羽	깃 우	丿 丆 刁 羽 羽 羽
		羽翼(깃 **우**, 날개 **익**) 날개. 도와서 일하는 사람. 羽毛(깃 **우**, 터럭 **모**) 새의 깃과 짐승의 털.
翔	날개 상	丶 丶 丷 丷 䒑 羊 羊 羏 羏 羏 翔 翔 翔
		飛翔(날을 **비**, 날개 **상**) 공중을 날아 다니는 것.

鱗潛羽翔 : 비늘이 있는 물고기는 물속에 잠기고, 날개가 있는 새는 하늘을 난다.

海鹹河淡 : 바닷물은 짜나 민물은 맛도 없고 맑다.

鱗潛羽翔 : 비늘이 있는 물고기는 물속에 잠기고, 날개가 있는 새는 하늘을 난다.

龍	용 룡	亠 亠 亠 产 产 音 音 音 音 背 龍 龍 龍 龍
		龍宮(용 **용**, 집 **궁**) 용왕이 거한다고 하는 바다속의 궁전.
師	스승 사	′ ⺁ ⺁ ⺁ ⼄ 白 自 帥 師 師
		師弟(스승 **사**, 아우 **제**) 스승과 제자. 師範(스승 **사**, 법 **범**) 스승이 될 만한 모범.
火	불 화	′ ⺁ ⺁ 火 火
		火山(불 **화**, 메 **산**) 불이 솟아 오르는 산. 火災(불 **화**, 재앙 **재**) 불이 나는 재앙.
帝	임금 제	ˊ ⼆ ⺊ 六 ⻗ 产 帝 帝 帝
		帝國(임금 **제**, 나라 **국**) 황제가 통치하는 국가. 帝王(임금 **제**, 임금 **왕**) 황제와 국왕.

龍師火帝 : 중국 고대 왕들에 대한 이야기로 용사(龍師)는 복희씨(伏羲氏)를, 화제(火宰)는 신농씨(新農氏)를 일컫는다.

鳥	새 조	′ ⺁ ⺁ ⺁ 白 白 鳥 鳥 鳥 鳥 鳥
		鳥類(새 **조**, 같을 **류**) 새의 종류를 이르는 말.
官	벼슬 관	′ ′ 宀 宀 宀 宁 官 官
		官報(벼슬 **관**, 갚을 **보**) 정부에서 발행하는 공용 문서. 官家(벼슬 **관**, 집 **가**) 벼슬아치들이 나라의 일을 보던 곳.
人	사람 인	丿 人
		人品(사람 **인**, 품수 **품**) 사람의 품격. 人格(사람 **인**, 이를 **격**) 한 개인으로서 독립할 수 있는 자격.
皇	임금 황	′ ′ 白 白 白 阜 阜 皇
		皇帝(임금 **황**, 임금 **제**) 임금. 천자. 皇室(임금 **황**, 집 **실**) 황제의 집안. 왕실.

鳥官人皇 : 소호씨(少昊氏)는 새이름을 써서 벼슬의 명칭을 붙였고, 황제는 인문을 구비했으므로 인황이라 하였다.

龍師火帝

龍師火帝: 중국 고대 왕들에 대한 이야기로 용사(龍師)는 복희씨(伏羲氏)를, 화제(火宰)는 신농씨(新農氏)를 일컫는다.

鳥官人皇

鳥官人皇: 소호씨(少昊氏)는 새이름을 써서 벼슬의 명칭을 붙였고, 황제는 인문을 구비했으므로 인황이라 하였다.

始	처음 시	ㄑ ㄥ ㄨ ㄨ˙ ㄨ˙ 始 始 始
		始終(처음 **시**, 마칠 **종**) 처음과 끝. 創始(비롯할 **창**, 처음 **시**) 일을 처음으로 시작함.
制	지을 제	ㆍ ㆍ 一 ㅓ ㅓ 制 制 制
		制度(지을 **제**, 법도 **도**) 사회생활에 필요한 일정한 규칙을 정하여 놓은 것.
文	글월 문	ㆍ 亠 ナ 文
		文人(글월 **문**, 사람 **인**) 문학에 종사하는 사람. 文化(글월 **문**, 될 **화**) 문화.
字	글자 자	ㆍ ㆍ 宀 宀 宁 字
		漢字(한나라 **한**, 글자 **자**) 중국의 글자. 字義(글자 **자**, 옳을 **의**) 글자의 뜻.

始制文字 : 복희씨(伏羲氏)는 창힐(蒼詰)이라는 자를 시켜 새의 발자국을 보고 글자를 처음으로 만들었다.

乃	이에 내	ノ 乃
		이에, 여기에 있어서의 뜻.
服	옷 복	ノ 刀 月 月 尸 胪 服 服
		服裝(옷 **복**, 꾸밀 **장**) 옷차림. 校服(학교 **교**, 옷 **복**) 학교에서 학생들에게 입게 하는 옷.
衣	옷 의	ㆍ 亠 ナ 才 衣 衣
		衣冠(옷 **의**, 갓 **관**) 옷과 갓. 衣裳(옷 **의**, 치마 **상**) 저고리와 치마.
裳	치마 상	ㆍ ㆍ ㆍ 冖 冖 兴 兴 兴 尚 尚 堂 堂 堂 裳
		紅裳(붉을 **홍**, 치마 **상**) 여자가 입는 붉은 색의 치마.

乃服衣裳 : 새나 짐승의 가죽으로 몸을 가리던 것을 황제(黃帝) 때에 와서 비로소 호조가 옷을 만들어 입게 하였다.

始
制
文
字

始制文字 : 복희씨(伏羲氏)는 창힐(蒼詰)이라는 자를 시켜 새의 발자국을 보고 글자를 처음으로 만들었다.

乃
服
衣
裳

乃服衣裳 : 새나 짐승의 가죽으로 몸을 가리던 것을 황제(黃帝) 때에 와서 비로소 호조가 옷을 만들어 입게 하였다.

推位讓國

밀 추	一 ナ オ 扌 ゼ ゼ ゼ 抃 拃 拃 拚 推 推
	推進(밀 **추**, 나아갈 **진**) 목적을 향해 진척시키는 것. 推薦(밀 **추**, 천거할 **천**) 적합한 자로 책임지고 소개함.
자리 위	ノ イ イ' 1ʻ 伫 伫 位
	位置(자리 **위**, 둘 **치**) 차지하고 있는 자리. 在位(있을 **재**, 자리 **위**) 왕위에 있음. 또는 그 기간.
사양할 양	二 三 言 言 言 訂 訂 訂 訂 諄 諄 讓 讓 讓
	讓步(사양할 **양**, 걸음 **보**) 남을 위하여 자기의 이익을 희생함. 讓位(사양할 **양**, 자리 **위**) 임금의 자리를 물려주는 것.
나라 국	丨 冂 冂 冃 同 同 同 國 國 國 國
	國旗(나라 **국**, 기 **기**) 국가의 표지로 쓰는 기. 國難(나라 **국**, 어려울 **난**) 나라의 위태로운 상태.

推位讓國 : 슬기로운 임금 요(堯)와 순(舜)은 초야에 묻혀있는 인재를 발탁하여 세습을 버리고 왕위를 물려 세상을 다스리게 했다.

有虞陶唐

있을 유	ノ ナ 冇 冇 有 有
	有無(있을 **유**, 없을 **무**) 있음과 없음. 有功(있을 **유**, 공 **공**) 공로가 있음.
나라 우	' ト 广 卢 虍 虍 虍 虞 虞 虞 虞
	虞人(나라 **우**, 사람 **인**) 경험이 많고 능숙한 사냥꾼.
질그릇 도	' 丨 阝 阝' 阝匃 阝匃 陶 陶 陶 陶
	陶工(질그릇 **도**, 장인 **공**) 옹기를 만드는 사람. 陶器(질그릇 **도**, 그릇 **기**) 질그릇.
당나라 당	' ㄧ 广 庐 庐 庐 庐 唐 唐 唐
	唐詩(당나라 **당**, 시 **시**) 당나라 시인이 지은 시.

有虞陶唐 : 이들은 자신들이 살던 지명을 성(姓)으로 하여, 우에서 살던 순임금을 유우(有虞), 도와 당에서 살던 요임금을 도당(陶唐)이라고 불렀다.

推位讓國

推位讓國 : 슬기로운 임금 요(堯)와 순(舜)은 초야에 묻혀있는 인재를 발탁하여 세습을 버리고 왕위를 물려 세상을 다스리게 했다.

有虞陶唐

有虞陶唐 : 이들은 자신들이 살던 지명을 성(姓)으로 하여, 우에서 살던 순임금을 유우(有虞), 도와 당에서 살던 요임금을 도당(陶唐)이라고 불렀다.

弔民伐罪

	조상할 조	ㄱ ㄱ ㄢ 弔
		弔文(조상할 **조**, 글월 **문**) 조상하는 뜻을 표하는 글. 弔客(조상할 **조**, 손 **객**) 조상하는 사람.
	백성 민	ㄱ ㄱ ㄕ 民 民
		民心(백성 **민**, 마음 **심**) 백성의 마음. 民政(백성 **민**, 정사 **정**) 백성들에 의한 정치.
	칠 벌	ノ 亻 亻 代 伐 伐
		伐木(칠 **벌**, 나무 **목**) 나무를 벰. 伐草(칠 **벌**, 풀 **초**) 무덤의 잡초를 베어 깨끗이 함.
	허물 죄	丶 冂 冂 罒 罒 罒 罪 罪 罪 罪 罪 罪
		罪囚(허물 **죄**, 가둘 **수**) 죄를 지어 교도소에 갇힌 사람. 罪惡(허물 **죄**, 모질 **악**) 죄가 될 만한 악한 짓.

弔民伐罪 : 괴로운 일을 당한 백성은 돕고, 죄를 지은 백성은 벌을 주었다.

周發殷湯

	두루 주	丿 冂 冂 冃 月 周 周 周
		周圍(두루 **주**, 둘레 **위**) 둘레. 周到(두루 **주**, 이를 **도**) 빈틈 없이 두루 찬찬함.
	필 발	ㄱ ㄢ ㄢ ㄢ 癶 癶 癶 發 發 發 發
		發着(필 **발**, 붙을 **착**) 출발과 도착. 發起(필 **발**, 일어날 **기**) 새로 일을 꾸며 냄.
	나라 은	丶 丨 丬 丬 身 身 肍 舩 殷
		殷賑(나라 **은**, 넉넉할 **진**) 매우 번창함. 殷富(나라 **은**, 부유할 **부**) 재물이 넉넉하고 번영함.
	끓을 탕	丶 冫 冫 氵 汀 汩 泥 湯 湯 湯 湯
		熱湯(더울 **열**, 끓을 **탕**) 뜨겁게 끓인 물이나 국.

周發殷湯 : 주나라 발왕(發王)과 은나라 탕왕(湯王)은, 성격이 포악해 백성을 괴롭히던 은나라 주왕(紂王)과 하나라 걸왕(桀王)을 각각 물리쳤다.

弔民伐罪

弔民伐罪 : 괴로운 일을 당한 백성은 돕고, 죄를 지은 백성은 벌을 주었다.

周發殷湯

周發殷湯 : 주나라 발왕(發王)과 은나라 탕왕(湯王)은, 성격이 포악해 백성을 괴롭히던 은나라 주왕(紂王)과 하나라 걸왕(桀王)을 각각 물리쳤다.

坐朝問道	앉을 좌	ノ 人 サ ᄊ 坐 坐 坐
		坐禪(앉을 **좌**, 고요할 **선**) 조용히 앉아서 참선함. 坐視(앉을 **좌**, 볼 **수**) 참견 않고 앉아서 보기만 함.
	아침 조	一 十 十 古 古 卓 卓 朝 朝 朝 朝
		朝夕(아침 **조**, 저녁 **석**) 아침과 저녁. 朝野(아침 **조**, 들 **야**) 조정과 민간.
	물을 문	丨 冂 冂 冂 冃 冃 門 門 門 門 問 問
		問答(물을 **문**, 대답할 **답**) 서로 묻고 대답하고 함. 問病(물을 **문**, 병들 **병**) 앓는 사람을 찾아와 위로함.
	길 도	` ` ` ` ` ` 首 首 首 首 道 道 道
		道路(길 **도**, 길 **로**) 길. 道理(길 **도**, 이치 **리**) 마땅히 지켜야 할 바른 길.

坐朝問道 : 어진 임금은 조정에 앉아 나라를 다스리는 법을 의논하고 중대한 국사를 덕망 있는 신하에게 물어보기도 한다.

垂拱平章	드리울 수	一 二 三 三 乒 乒 垂 垂
		垂直(드리울 **수**, 곧을 **직**) 직선과 직선이 닿아 직각을 이룬 상태. 垂簾(드리울 **수**, 발 **렴**) 발을 늘임.
	팔짱낄 공	一 十 十 扌 扌 拌 拌 拱 拱
		拱手(팔짱낄 **공**, 손 **수**) 왼손을 오른손 위에 놓고 두 손을 마주 잡아, 공경의 뜻을 나타내는 예.
	고를 평	一 ㄱ ㄱ 乊 平
		平凡(고를 **평**, 범상할 **범**) 뛰어나지 않고 예사로움. 平均(고를 **평**, 고를 **균**) 질이나 양이 다른 것을 모아서 고르게 함.
	글 장	一 ㄱ ㅜ 立 产 产 音 音 音 章 章
		文章(글월 **문**, 글 **장**) 문장. 印章(인칠 **인**, 문장 **장**) 도장.

垂拱平章 : 밝고 평화롭게 다스리는 길을 곰곰히 생각한다.

坐朝問道: 어진 임금은 조정에 앉아 나라를 다스리는 법을 의논하고 중대한 국사를 덕망 있는 신하에게 물어보기도 한다.

垂拱平章: 밝고 평화롭게 다스리는 길을 곰곰히 생각한다.

愛	사랑할 애	ノ ノ ⺍ ⺌ ⺍ 爫 爫 ㅉ ㅉ 恶 爱 愛 愛 愛
		愛國(사랑할 애, 나라 국) 자기 나라를 사랑하는 것. 友愛(벗 우, 사랑할 애) 형제간의 정. 친구간의 정.
育	기를 육	丶 亠 士 去 产 育 育 育
		育成(기를 육, 이룰 성) 길러서 자라게 함. 育兒(기를 육, 아이 아) 아이를 기르는 일.
黎	검을 려	ノ 二 千 禾 利 利 利 黎 黎 黎 黎 黎 黎 黎
		黎明(검을 여, 밝을 명) 희미하게 날이 밝을 무렵.
首	머리 수	丶 丷 ⺮ ⺷ 产 岢 首 首
		首席(머리 수, 자리 석) 맨 윗 자리. 首腦(머리 수, 뇌 뇌) 중요한 자리를 맡은 사람.

愛育黎首 : 임금은 사랑과 덕으로 백성을 다스리고 보살펴야 한다. 여수(黎首)란 검은 머리로 관직을 갖지 않은 백성을 뜻한다.

臣	신하 신	丨 ⺁ ⺁ ⺁ 丆 臣 臣
		臣下(신하 신, 아래 하) 신하. 忠臣(충성할 충, 신하 신) 충성된 신하.
伏	엎드릴 복	ノ イ 亻 仕 伏 伏
		伏兵(엎드릴 복, 군사 병) 요긴한 길목에 군사를 숨겨둠. 또는 그 군사.
戎	오랑캐 융	一 二 于 式 戎 戎
		戎兵(오랑캐 융, 군사 병) 군병. 병사. 戎車(오랑캐 융, 수레 거) 싸움에 쓰는 수레.
羌	오랑캐 강	丶 丷 ⺮ ⺷ ⺷ 羊 羊 羌
		羌桃(오랑캐 강, 복숭아 도) 호두.

臣伏戎羌 : 이와 같이 나라를 잘 다스리면 그 덕에 굴복하여 오랑캐들도 항복하게 된다.

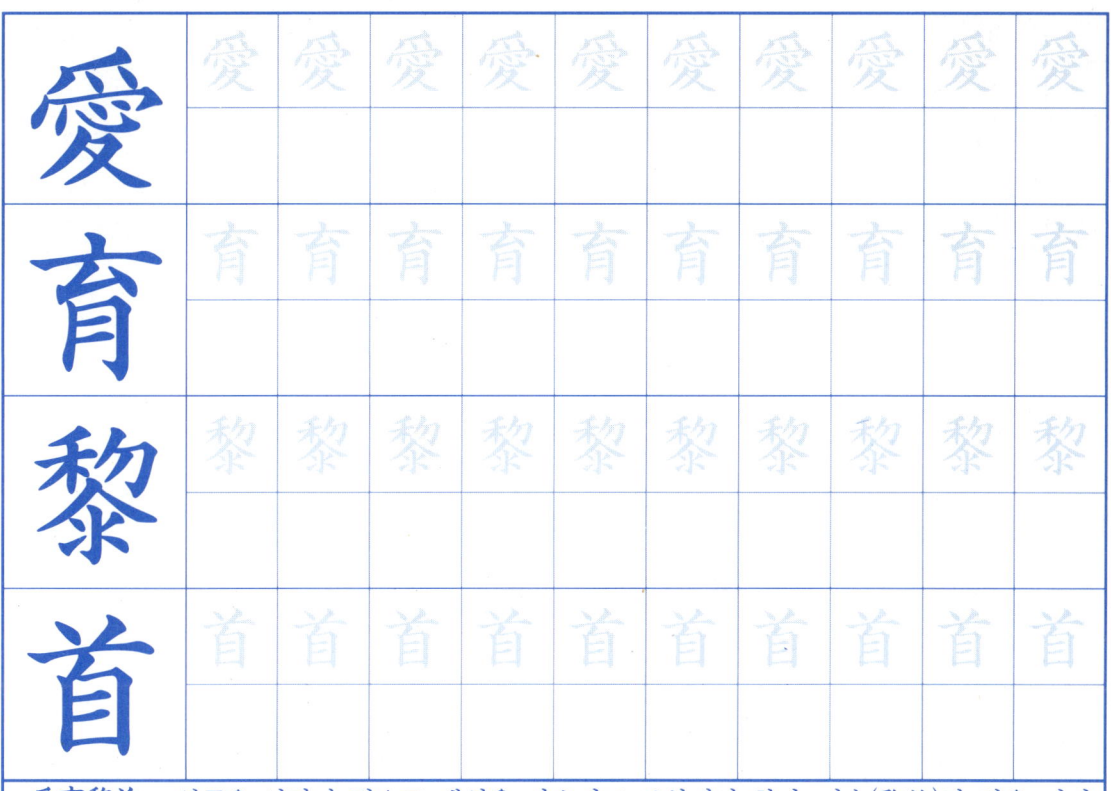

愛育黎首 : 임금은 사랑과 덕으로 백성을 다스리고 보살펴야 한다. 여수(黎首)란 검은 머리로 관직을 갖지 않은 백성을 뜻한다.

臣伏戎羌 : 이와 같이 나라를 잘 다스리면 그 덕에 굴복하여 오랑캐들도 항복하게 된다.

遐	멀 하	丨 丆 尸 F F Ff Ff 段 段 叚 叚 `叚 遐 遐
		遐年(멀 하, 해 년) 오래 사는 것. 장수.
邇	가까울 이	⸱ ⸍ ⸍ ⸍ 彳 爫 籴 丽 爾 爾 爾 `爾 邇 邇
		邇來(가까울 이, 올 래) 근래. 이제로 부터 지나간 얼마 동안의 아주 가까운 때.
壹	한 일	一 十 士 吉 吉 吉 吉 青 青 壹 壹 壹
		壹是(한 일, 이 시) 오로지 모두.
體	몸 체	丨 冂 冂 冎 骨 骨 骨 骨' 骨' 骨' 骨' 體 體 體 體 體
		體熱(몸 체, 더울 열) 몸에서 나는 열.
		身體(몸 신, 몸 체) 신체.

遐邇壹體 : 먼 나라나 가까운 나라나 그 덕망이 퍼져 귀순케 되며 하나가 된다.

率	거느릴 솔	` ㅗ ㅗ 玄 玄 玄 疼 疼 疼 率 率
		率先(거느릴 솔, 먼저 선) 남보다 앞장 서서 하는 것.
		率直(거느릴 솔, 바를 직) 거짓이나 꾸밈이 없고 바른 성격.
賓	손님 빈	⸱ ⸍ 宀 宁 宁 宁 穷 宵 宵 宵 宵 賓 賓
		賓客(손님 빈, 손님 객) 점잖은 손님.
		貴賓(귀할 귀, 손님 빈) 귀한 손님.
歸	돌아갈 귀	` ⸍ 卩 自 自 自 皀 皀' 皀' 皀' 皀' 歸 歸
		歸路(돌아갈 귀, 길 로) 돌아가는 길.
		歸國(돌아갈 귀, 나라 국) 외국에서 자기 나라로 돌아가는 것.
王	임금 왕	一 丅 于 王
		王族(임금 왕, 무리 족) 임금의 일가.
		王命(임금 왕, 분부 명) 왕의 명령.

率賓歸王 : 온 나라가 거느리고 귀순하니, 복종하여 그에게 돌아온다.

遐邇壹體:먼 나라나 가까운 나라나 그 덕망이 퍼져 귀순케 되며 하나가 된다.

率賓歸王:온 나라가 거느리고 귀순하니, 복종하여 그에게 돌아온다.

鳴鳳在樹

울 명	丶 口 口 口' 叮 叮 叮 吶 咱 鳴 鳴 鳴 鳴 鳴
	鳴鼓(울 **명**, 북 **고**) 북을 울리는 것.

봉황 봉	丿 凡 凡 凡 凡 凨 凨 凮 鳳 鳳 鳳 鳳 鳳 鳳
	鳳枕(봉황 **봉**, 베개 **침**) 봉황을 수놓은 베개. 鳳兒(봉황 **봉**, 아이 **아**) 뛰어나게 훌륭한 아들.

있을 재	一 ナ 才 右 存 在
	在位(있을 **재**, 자리 **위**) 임금의 자리에 있음. 在庫(있을 **재**, 곳집 **고**) 창고에 있는 것.

나무 수	一 十 十 十 扌 † † † † † † † † 樹 樹
	樹木(나무 **수**, 나무 **목**) 살아 있는 나무. 植樹(심을 **식**, 나무 **수**) 나무를 심음.

鳴鳳在樹 : 명군성현이 나타나면 그 덕이 미치는 곳마다 봉황이 나무 위에서 운다.

白駒食場

흰 백	丿 亻 白 白 白
	白髮(흰 **백**, 머리털 **발**) 허옇게 센 머리털. 白旗(흰 **백**, 기 **기**) 흰색 기.

망아지 구	丨 厂 厂 厂 斤 馬 馬 馬 馬 駒 駒 駒 駒
	駒馬(망아지 **구**, 말 **마**) 망아지와 말.

먹을 식	丿 人 人 今 今 今 食 食 食
	食堂(먹을 **식**, 집 **당**) 식사와 요리를 파는 음식점. 食糧(먹을 **식**, 양식 **량**) 양식.

마당 장	一 十 土 圹 圹 坍 坍 坍 场 场 場 場
	場所(마당 **장**, 바 **소**) 일이 벌어지는 곳이나 자리. 登場(오를 **등**, 마당 **장**) 무대에 나오는 것.

白駒食場 : 인재가 임금님과 국사를 논하고, 그가 타고 온 흰 망아지는 마당에서 풀을 뜯는다.

鳴鳳在樹

鳴鳳在樹 : 명군성현이 나타나면 그 덕이 미치는 곳마다 봉황이 나무 위에서 운다.

白駒食場

白駒食場 : 인재가 임금님과 국사를 논하고, 그가 타고 온 흰 망아지는 마당에서 풀을 뜯는다.

	될 화	ノ イ 亻 化
化		化學(될 **화**, 배울 **학**) 물질의 성질 및 변화를 연구하는 학문. 文化(글월 **문**, 될 **화**) 문화.
被	입을 피	丶 冫 礻 礻 礻 衤 衤 衤 衤 被 被
		被害(입을 **피**, 해할 **해**) 해를 입음. 또는 그 해. 被檢(입을 **피**, 검사할 **검**) 검거를 당함.
草	풀 초	一 十 卄 丬 艹 낰 荁 苩 草 草
		草木(풀 **초**, 나무 **목**) 풀과 나무. 煙草(연기 **연**, 풀 **초**) 담배.
木	나무 목	一 十 才 木
		木材(나무 **목**, 재료 **재**) 재료로서의 나무. 木刻(나무 **목**, 새길 **각**) 나무에 새김.

化被樹木 : 그 덕이 사람이나 짐승뿐 아니라 풀과 나무에까지도 미친다.

賴	힘입을 뢰	一 丆 币 市 束 束 束 剌 剌 剌 剌 賴 賴 賴 賴
		依賴(의지할 **의**, 의지할 **뢰**) 남에게 부탁하거나 의지함. 信賴(믿을 **신**, 의뢰할 **뢰**) 믿고 의지함.
及	미칠 급	ノ 丆 乃 及
		及第(미칠 **급**, 차례 **제**) 시험에 합격하는 것. 言及(말씀 **언**, 미칠 **급**) 어떤 일에 대하여 말함.
萬	일만 만	一 十 卄 丬 艹 낰 荁 苩 莒 萬 萬 萬
		萬能(일만 **만**, 능할 **능**) 모든 일에 능함. 萬物(일만 **만**, 사물 **물**) 세상에 있는 모든 것.
方	모 방	丶 亠 方 方
		方向(모 **방**, 향할 **향**) 방향. 方案(모 **방**, 안건 **안**) 일을 처리할 방법이나 방도에 관한 안.

賴及萬方 : 온 세상 만물들에까지 그 덕이 고르게 미친다.

化被草木

化被樹木 : 그 덕이 사람이나 짐승뿐 아니라 풀과 나무에까지도 미친다.

賴及萬方

賴及萬方 : 온 세상 만물들에까지 그 덕이 고르게 미친다.

盖	덮을 개	､ ⸯ ⸯ ⸜ ⸝ 羊 羊 盖 盖 盖 盖
		盖瓦(덮을 **개**, 기와 **와**) 기와로 지붕을 이음. 盖然(덮을 **개**, 그럴 **연**) 그렇게 되리라는 개연성.
此	이 차	ㅣ ㅏ ㅑ 止 止 此
		此後(이 **차**, 뒤 **후**) 지금 이후.
身	몸 신	´ ㅣ ㅓ 亻 身 身 身
		身分(몸 **신**, 나눌 **분**) 개인의 사회적인 지위. 全身(온전 **전**, 몸 **신**) 몸 전체.
髮	터럭 발	ㅣ ㄱ F 乏 乏 長 長 長 髟 髟 髟 髣 髮 髮
		毛髮(터럭 **모**, 터럭 **발**) 머리 털.

盖此身髮 : 사람의 몸에 난 털 하나도 부모님으로부터 받은 것이니, 소중히 여겨야 한다.

四	넉 사	ㅣ 冂 冂 四 四
		四季(넉 **사**, 철 **계**) 봄, 여름, 가을, 겨울. 四方(넉 **사**, 모 **방**) 일체의 방향.
大	큰 대	一 ナ 大
		大署(큰 **대**, 더위 **서**) 큰 더위. 24절기의 하나. 大望(큰 **대**, 바랄 **망**) 큰 희망.
五	다섯 오	一 丁 五 五
		五倫(다섯 **오**, 인륜 **륜**) 사람이 지켜야 할 다섯 가지 도리. 곧, 父子有親, 君臣有義, 夫婦有別, 長幼有序, 朋友有信.
常	떳떳할 상	ㅣ ⸯ ⸯ ⸝ 屵 屵 屵 常 常 常 常
		常住(떳떳할 **상**, 머무를 **주**) 항상 거주함. 常識(떳떳할 **상**, 알 **식**) 보통 사람이 지녀야 할 지식.

四大五常 : 네가지 큰 것과 다섯가지 떳떳함이 있으니, 즉 사대는 지수화목(地水火木)이요, 오상은 인의예지신(仁義禮智信)이다.

蓋此身髮 : 사람의 몸에 난 털 하나도 부모님으로부터 받은 것이니, 소중히 여겨야 한다.

四大五常 : 네가지 큰 것과 다섯가지 떳떳함이 있으니, 즉 사대는 지수화목(地水火木)이요, 오상은 인의예지신(仁義禮智信)이다.

恭	공손할 공	一 十 十 井 并 共 共 恭 恭 恭 恭敬(공손할 **공**, 공경할 **경**) 삼가고 존경함. 恭待(공손할 **공**, 기다릴 **대**) 상대자에게 경어를 씀.
惟	오직 유	′ ′ ㆍ 忄 忄 忄 忄 忄 忄 忄 惟 惟 惟獨(오직 **유**, 홀로 **독**) 오직 홀로. 思惟(생각 **사**, 오직 **유**) 생각하는 것.
鞠	기를 국	一 廿 廿 甘 莒 苩 革 革 靪 靪 靪 鞠 鞠 鞠 鞠躬(기를 **국**, 몸 **궁**) 존경의 뜻으로 몸을 굽혀 절함.
養	기를 양	′ ′ ㆍ ㅛ ㅛ 兰 羊 羌 羔 养 养 養 養 養 養成(기를 **양**, 이룰 **성**) 인재를 길러 냄. 養育(기를 **양**, 기를 **육**) 어린이를 길러 자라게 함.

恭惟鞠養 : 이 몸은 부모의 기르신 은혜이니, 항상 국양함을 공손히 하여라.

豈	어찌 기	′ 屮 屮 屮 屮 븅 븅 븅 豈 豈 豈敢(어찌 **기**, 감히 **감**) 어찌 감히.
敢	감히 감	一 丁 工 五 五 돋 耳 耳 耳 耴 敢 敢行(감히 **감**, 행할 **행**) 어려움을 무릅쓰고 행함.
毁	헐 훼	′ ′ ㅌ ㅌ ㅌ ㅌ 臼 臽 臽 毁 毁 毁 毁 毁謗(헐 **훼**, 나무랄 **방**) 남의 일을 방해하는 것. 毁損(헐 **훼**, 덜 **손**) 헐어서 못쓰게 되는 것.
傷	상할 상	′ ′ ′ ′ ㄣ 广 作 作 怍 恬 傷 傷 傷 傷處(상할 **상**, 곳 **처**) 부상을 입은 자리. 傷害(상할 **상**, 해할 **해**) 상처를 내어 해를 입히는 것.

豈敢毁傷 : 어찌 감히 부모가 낳아 길러주신 몸을 헐고 상하게 하겠는가.

恭惟鞠養 : 이 몸은 부모의 기르신 은혜이니, 항상 국양함을 공손히 하여라.

豈敢毀傷 : 어찌 감히 부모가 낳아 길러주신 몸을 헐고 상하게 하겠는가.

女	계집 녀	ㄣ ㄌ 女
		女流(계집 **여**, 흐를 **류**) 어느 방면에 능숙한 여인. 子女(아들 **자**, 딸 **녀**) 아들과 딸.
慕	사모할 모	一 ⺊ ⺊ ⺾ ⺾ 苎 苎 苢 苴 莫 莫 莫 慕 慕
		思慕(생각 **사**, 사모할 **모**) 생각하고 그리워 함. 愛慕(사랑 **애**, 사모할 **모**) 사랑하여 그리워하는 것.
貞	곧을 정	⺊ ⺊ ⺊ ⺊ 肖 肖 貞 貞
		貞淑(곧을 **정**, 맑을 **숙**) 몸가짐이 조촐하고 얌전함. 貞操(곧을 **정**, 잡을 **조**) 성생활에 있어서 지키는 순결성.
烈	매울 렬	一 ア 歹 歹 列 列 列 烈 烈 烈
		烈士(매울 **열**, 선비 **사**) 의를 굳게 지키는 사람. 烈女(매울 **열**, 계집 **녀**) 정절이 곧은 여자.

女慕貞烈 : 여자는 정조를 굳게 지키고, 행실을 단정히 해야 한다.

男	사내 남	㇀ 口 田 田 田 男 男
		男妹(사내 **남**, 누이 **매**) 오라비와 누이. 男兒(사내 **남**, 아이 **아**) 남자 아이.
效	본받을 효	㇀ ㇀ ㇀ 六 ⺌ 交 交' 效 效 效
		效果(본받을 **효**, 과실 **과**) 본받을 만한 결과. 效用(본받을 **효**, 쓸 **용**) 효험. 보람있는 소용.
才	재주 재	一 十 才
		才能(재주 **재**, 능할 **능**) 타고난 능력. 秀才(빼어날 **수**, 재주 **재**) 빼어난 재주.
良	어질 량	㇀ ㇀ ㇀ 月 良 良 良
		良民(어질 **양**, 백성 **민**) 선량한 백성. 改良(고칠 **개**, 어질 **량**) 고치어 더 좋게 하는 것.

男效才良 : 남자는 재주를 닦고, 어진 것을 본받아야 한다.

女慕貞烈 : 여자는 정조를 굳게 지키고, 행실을 단정히 해야 한다.

男效才良 : 남자는 재주를 닦고, 어진 것을 본받아야 한다.

知	알 지	ノ ト ㅗ 수 矢 矢 知 知
		知識(알 **지**, 알 **식**) 체계화된 인식. 感知(느낄 **감**, 알 **지**) 느껴서 알게 됨.
過	허물 과	ㅣ 冂 冂 冎 冎 咼 咼 咼 `過 過 過 過
		過誤(허물 **과**, 그릇할 **오**) 허물있고 그릇됨. 功過(공 **공**, 허물 **과**) 공로와 과오.
必	반드시 필	ㆍ ㇍ 义 必 必
		必須(반드시 **필**, 모름지기 **수**) 모름지기 있어야 함. 必讀(반드시 **필**, 읽을 **독**) 반드시 읽어야 함.
改	고칠 개	ㄱ ㄱ ㄹ ㄹ, ㄹ⺈ 改 改
		改善(고칠 **개**, 착할 **선**) 잘못을 고쳐 잘 되게 함. 改心(고칠 **개**, 마음 **심**) 마음을 고쳐 먹음.

知過必改 : 사람에게는 누구나 허물이 있으니, 그것을 알면 곧 고쳐야 한다.

得	얻을 득	ノ ㇂ 彳 彳 彳⺈ 彳日 彳日 彳旦 得 得
		得失(얻을 **득**, 잃을 **실**) 얻음과 잃음. 이득과 손실. 得男(얻을 **득**, 사내 **남**) 아들을 낳음.
能	능할 능	ㄴ ㄥ ㅅ 育 育 育 育 能 能 能
		能率(능할 **능**, 비율 **률**) 일정한 동안에 이룰 수 있는 일의 비율. 能力(능할 **능**, 힘 **력**) 어떤 일을 할 수 있는 힘.
莫	말 막	ㆍ ㅗ ㅛ ㅛㅛ 艹 苎 苩 甘 莫 莫
		莫上(말 **막**, 윗 **상**) 더 위는 없음. 莫强(말 **막**, 강할 **강**) 더할 수 없이 강함.
忘	잊을 망	ㆍ ㅗ ㄷ ㅏ 忘 忘 忘
		忘年(잊을 **망**, 해 **년**) 그 해의 온갖 괴로움을 잊음. 備忘(갖출 **비**, 잊을 **망**) 잊어버리지 않기 위한 대비.

得能莫忘 : 사람으로서 알아야 할 것을 배우면, 그것을 잊지 않도록 해야 한다.

知過必改

知過必改 : 사람에게는 누구나 허물이 있으니, 그것을 알면 곧 고쳐야 한다.

得能莫忘

得能莫忘 : 사람으로서 알아야 할 것을 배우면, 그것을 잊지 않도록 해야 한다.

罔談彼短

없을 망	丨 冂 冂 罒 罒 罒 罔 罔
	罔極(없을 **망**, 지극할 **극**) 은혜나 슬픔이 그지없음.
말씀 담	丶 亠 言 言 言 言 言 訁 訟 談 談 談 談
	談笑(말씀 **담**, 웃음 **소**) 웃으면서 이야기하는 것. 美談(아름다울 **미**, 이야기 **담**) 후세에 전할 만한 아름다운 이야기.
저 피	丿 彡 彳 彳 彷 彷 彼 彼
	彼此(저 **피**, 이 **차**) 이것과 저것. 彼岸(저 **피**, 언덕 **안**) 저쪽 언덕.
짧을 단	丿 人 ㅗ 矢 矢 矢 矢 矢 短 短 短 短
	短見(짧을 **단**, 볼 **견**) 짧은 식견이나 소견. 短命(짧을 **단**, 목숨 **명**) 목숨이 짧음.

罔談彼短 : 자기의 단점을 말하지 않고, 남의 단점도 말하지 않는다.

靡恃己長

아닐 미	丶 亠 广 广 广 庐 庐 庐 麻 麻 麻 靡 靡 靡
	靡寧(아닐 **미**, 편안할 **령**) 어른이 병으로 인하여 편안치 못함.
믿을 시	丨 丨 忄 忄 忄 忄 怅 恃 恃
	恃從(믿을 **시**, 따를 **종**) 임금을 모시는 신하. 恃奉(믿을 **시**, 받들 **봉**) 부모를 받들어 모심.
몸소 기	㇇ 己 己
	自己(스스로 **자**, 몸소 **기**) 자기. 知己(알 **지**, 몸소 **기**) 서로 마음이 통하는 벗.
긴 장	丨 丨 丆 E 토 토 長 長
	長短(긴 **장**, 짧을 **단**) 길고 짧음. 長久(긴 **장**, 오랠 **구**) 매우 길고 오램.

靡恃己長 : 자신의 장점을 말하지 않아야 더욱 발전한다.

岡談彼短 : 자기의 단점을 말하지 않고, 남의 단점도 말하지 않는다.

靡恃己長 : 자신의 장점을 말하지 않아야 더욱 발전한다.

信	믿을 신	ノ 亻 亻 亻 仁 信 信 信 信
		信念(믿을 **신**, 생각할 **념**) 굳게 믿는 마음. 信賴(믿을 **신**, 의지할 **뢰**) 믿고 의지함.
使	하여금 사	ノ 亻 亻 亻 仁 佀 佀 使 使
		使命(하여금 **사**, 목숨 **명**) 자기에게 부과된 직무. 使臣(하여금 **사**, 신하 **신**) 외국에 파견되는 신하.
可	옳을 가	一 丁 丌 叮 可
		可決(옳을 **가**, 결단할 **결**) 회의에서 옳다고 결정하는 것. 可否(옳을 **가**, 아니 **부**) 옳고 그름.
覆	되풀이할 복	一 冖 冂 襾 襾 覀 覆 覆 覆 覆 覆 覆 覆 覆
		覆蓋(되풀이할 **복**, 덮을 **개**) 뚜껑이나 덮개를 덮는 것. 覆考(되풀이할 **복**, 생각할 **고**) 이리저리 되풀이하여 생각함.

信使可覆 : 믿음은 진실되어야 하며, 다른 사람과의 약속은 반드시 지켜야 한다.

器	그릇 기	丶 口 口 吅 吅 吅 哭 哭 哭 器 器 器 器
		陶器(질그릇 **도**, 그릇 **기**) 도자기.
欲	하고자할 욕	ノ 八 夕 父 谷 谷 谷 谷 欲 欲 欲
		欲求(하고자할 **욕**, 구할 **구**) 무엇을 얻거나 하고자 바라는 것. 欲望(하고자할 **욕**, 바랄 **망**) 무엇을 하고자 하는 바램.
難	어려울 난	一 艹 廿 廿 甘 苷 苣 莫 莫 剿 剿 剿 難 難 難
		難忘(어려울 **난**, 잊을 **망**) 잊기 어려움. 難色(어려울 **난**, 빛 **색**) 어려워하여 꺼리는 기색.
量	헤아릴 량	丶 口 曰 日 亘 昌 昌 昌 昌 量 量 量
		量産(헤아릴 **양**, 낳을 **산**) 대량생산. 計量(셀 **계**, 헤아릴 **량**) 분량이나 무게를 재는 것.

器欲難量 : 위와 같이 실천하는 사람의 기량은 깊고도 깊어서 헤아리기가 어렵다.

信使可覆

信使可覆 : 믿음은 진실되어야 하며, 다른 사람과의 약속은 반드시 지켜야 한다.

器欲難量

器欲難量 : 위와 같이 실천하는 사람의 기량은 깊고도 깊어서 헤아리기가 어렵다.

墨	먹 묵	丶 丨 冂 㗊 里 里 里 黒 黒 黒 黒 墨 墨
		墨畵(먹 묵, 그림 화) 먹으로 그린 그림. 筆墨(붓 필, 먹 묵) 붓과 먹.
悲	슬플 비	丨 刂 刂 丯 丯 非 非 非 非 悲 悲 悲
		悲歌(슬플 비, 노래 가) 슬픈 노래. 悲痛(슬플 비, 아플 통) 몹시 슬프고 가슴이 아픔.
絲	실 사	丶 幺 幺 幺 糸 糸 絲 絲 絲 絲 絲 絲
		絲雨(실 사, 비 우) 실처럼 가늘게 내리는 비. 絹絲(비단 견, 실 사) 비단 따위를 짜는 명주실.
染	물들일 염	丶 丶 丶 氵 氿 氿 染 染 染
		染色(물들일 염, 빛 색) 물을 들이는 것. 染料(물들일 염, 헤아릴 료) 물들이는 색소가 되는 물질.

墨悲絲染 : 흰 실에 검은 물이 들면 다시 희지 못함을 슬퍼한다.

詩	글 시	丶 亠 亠 言 言 言 言 計 計 詩 詩 詩
		詩集(글 시, 모을 집) 시를 모아 엮은 책.
讚	칭찬할 찬	二 言 言 言 言 言 言 言 許 許 許 讚 讚 讚 讚
		讚歌(칭찬할 찬, 노래 가) 칭찬하는 노래.
羔	염소 고	丶 丶 丷 丷 羊 羊 羊 羔 羔
		羔肉(염소 고, 고기 육) 염소 고기.
羊	양 양	丶 丶 丷 丷 羊 羊
		羊皮(양 양, 가죽 피) 양의 가죽. 羊毛(양 양, 털 모) 양의 털.

詩讚羔羊 : 시경(詩經) 고양(羔羊) 편에, 문왕(文王)에 감화되어 관리들은 청렴하고 백성들은 염소와 양같이 온순했다고 칭찬하였다.

墨悲絲染 : 흰 실에 검은 물이 들면 다시 희지 못함을 슬퍼한다.

詩讚羔羊 : 시경(詩經) 고양(羔羊) 편에, 문왕(文王)에 감화되어 관리들은 청렴하고 백성들은 염소와 양같이 온순했다고 칭찬하였다.

景 경	클 경	丶 冂 冃 日 旦 昦 昗 景 景 景 景
		景槪(클 **경**, 대개 **개**) 경치. 景物(클 **경**, 사물 **물**) 경치. 풍경.
行 행	행할 행	丿 ㇏ 彳 彳 行 行
		行動(행할 **행**, 움직일 **동**) 동작을 하여 행하는 일. 行路(행할 **행**, 길 **로**) 사람이 다니는 길.
維 유	이을 유	纟 纟 纟 纟 糸 糸 糸 絎 紗 絽 絆 絆 維 維
		維持(이을 **유**, 가질 **지**) 그대로 보전하여 지탱함. 維新(이을 **유**, 새 **신**) 묵은 제도를 새롭게 고침.
賢 현	어질 현	丨 ㄷ ㄸ ㅌ 臣 臣丶 臣又 臤 臤 臤 賢 賢 賢 賢
		賢母良妻(어질 **현**, 어미 **모**, 어질 **양**, 아내 **처**) 어진 어머니면서 또한 착한 아내.

景行維賢 : 행실을 훌륭히 하고 당당히 하면 어진 사람이 된다.

剋 극	이길 극	一 十 古 古 古 吉 克 克 剋
		相剋(서로 **상**, 이길 **극**) 둘 사이가 서로 화합하지 못하고 늘 충돌함.
念 념	생각 념	丿 人 人 今 今 念 念 念
		想念(생각할 **상**, 생각 **념**) 마음 속에 품은 여러가지 생각. 念慮(생각 **염**, 생각 깊을 **려**) 걱정하여 깊이 생각함.
作 작	이룰 작	丿 亻 亻 佧 作 作 作
		作家(이룰 **작**, 집 **가**) 예술품을 창작하는 일에 종사하는 사람. 力作(힘 **력**, 이룰 **작**) 힘을 다하여 이룬 작품.
聖 성	성인 성	一 厂 F F 王 耳 耳 即 即 聖 聖 聖
		聖書(성인 **성**, 글 **서**) 성경책. 聖誕節(성인 **성**, 날 **탄**, 마디 **절**) 예수가 태어난 날.

剋念作聖 : 성인의 언행을 유념하여 수양을 쌓으면 성인이 될 수 있다.

景	景	景	景	景	景	景	景	景	景
行	行	行	行	行	行	行	行	行	行
維	維	維	維	維	維	維	維	維	維
賢	賢	賢	賢	賢	賢	賢	賢	賢	賢

景行維賢 : 행실을 훌륭히 하고 당당히 하면 어진 사람이 된다.

剋	剋	剋	剋	剋	剋	剋	剋	剋	剋
念	念	念	念	念	念	念	念	念	念
作	作	作	作	作	作	作	作	作	作
聖	聖	聖	聖	聖	聖	聖	聖	聖	聖

剋念作聖 : 성인의 언행을 유념하여 수양을 쌓으면 성인이 될 수 있다.

德	큰 덕	ノ ノ ィ 彳 彳 彳 待 待 徳 徳 徳 德 德
		德望(큰 **덕**, 바랄 **망**) 덕을 행함으로 얻은 명망. 德行(큰 **덕**, 행할 **행**) 덕을 행함.
建	세울 건	フ ヲ ヨ ヨ ヨ 聿 建 建
		建築(세울 **건**, 지을 **축**) 건물을 세우거나 지음. 建國(세울 **건**, 나라 **국**) 나라를 세움.
名	이름 명	ノ ク タ タ 名 名
		名譽(이름 **명**, 기릴 **예**) 사람에 대한 사회적 높은 평가. 名單(이름 **명**, 짧을 **단**) 관계자의 이름을 적은 것.
立	세울 립	、 亠 ㅗ 立 立
		立法(세울 **입**, 법 **법**) 법을 제정하는 것. 立案(세울 **입**, 안건 **안**) 안건을 정하는 것.

德建名立 : 덕으로써 세상 모든 일을 행하게 되면 자연히 이름도 알려지게 된다.

形	얼굴 형	一 二 F 开 形 形 形
		形言(얼굴 **형**, 말씀 **언**) 형용하여 말함. 形態(얼굴 **형**, 태도 **태**) 사물의 생김새.
端	바를 단	、 、 亠 产 立 立' 站 站 站 站 站 端 端 端
		端緒(바를 **단**, 실마리 **서**) 일의 처음이나 실마리. 端正(바를 **단**, 바를 **정**) 바르고 얌전함.
表	겉 표	一 二 キ 主 耒 耒 表 表
		表裏(겉 **표**, 속 **리**) 겉과 속. 表記(겉 **표**, 기록할 **기**) 표시하여 기록함.
正	바를 정	一 T 下 正 正
		正當(바를 **정**, 마땅 **당**) 바르고 옳음. 이치에 합당함. 正義(바를 **정**, 옳을 **의**) 바르고 옳은 일.

形端表正 : 용모가 단정하고 깨끗하면 마음도 바르며, 또 겉으로 드러난다.

德建名立 : 덕으로써 세상 모든 일을 행하게 되면 자연히 이름도 알려지게 된다.

形端表正 : 용모가 단정하고 깨끗하면 마음도 바르며, 또 겉으로 드러난다.

空谷傳聲 虛堂習聽

빌 공	` ` ` ` ` ` `` `` `` `` 空
	空欄(빌 **공**, 난간 **란**) 빈 난.
	空間(빌 **공**, 사이 **간**) 빈 곳.

골짜기 곡	` ` ` ` ` ` 谷 谷
	溪谷(시내 **계**, 골짜기 **곡**) 물이 흐르는 골짜기.
	深谷(깊을 **심**, 골짜기 **곡**) 깊은 골짜기.

전할 전	` ` ` ` ` ` ` ` ` ` ` 傳 傳
	傳染(전할 **전**, 물들 **염**) 병이 옮음. 옮아 물듦.
	傳統(전할 **전**, 거느릴 **통**) 계통적으로 전함.

소리 성	` ` ` ` ` ` ` ` ` ` ` ` ` 聲 聲 聲
	聲調(소리 **성**, 고를 **조**) 목소리와 가락.
	聲價(소리 **성**, 값 **가**) 좋은 소문이나 평판.

空谷傳聲 : 산골짜기에서 소리치면 그것은 그대로 전해진다.

빌 허	` ` ` ` ` ` ` ` ` ` ` 虛
	虛實(빌 **허**, 열매 **실**) 거짓과 참. 공허와 충실.
	虛構(빌 **허**, 지을 **구**) 실지로 있는 것처럼 꾸밈.

집 당	` ` ` ` ` ` ` ` ` 堂 堂
	祠堂(사당 **사**, 집 **당**) 조상의 신주를 모셔놓은 집.

익힐 습	` ` ` ` ` ` ` ` ` 習 習
	學習(배울 **학**, 익힐 **습**) 배워서 익히는 것.
	習作(익힐 **습**, 지을 **작**) 시, 소설 등을 연습삼아 짓는 것.

들을 청	` ` ` ` ` ` ` ` ` ` ` ` ` ` 聽 聽
	聽講(들을 **청**, 강론할 **강**) 강의를 들음.
	聽衆(들을 **청**, 무리 **중**) (연설 따위를) 듣는 군중.

虛堂習聽 : 빈방에서 소리를 내면 울려서 다 들린다.

空谷傳聲 : 산골짜기에서 소리치면 그것은 그대로 전해진다.

虛堂習聽 : 빈방에서 소리를 내면 울려서 다 들린다.

禍	재앙 화	一 ニ 亍 亍 币 禾 利 利 利 利 禍 禍 禍
		禍根(재앙 **화**, 뿌리 **근**) 재앙의 근원. 禍厄(재앙 **화**, 재앙 **액**) 재앙, 재난.
因	인할 인	ㅣ 冂 冃 用 因 因
		因果(인할 **인**, 결과 **과**) 원인과 결과. 因緣(인할 **인**, 인연 **연**) 연분.
惡	모질 악	一 二 干 干 西 西 亞 亞 亞 惡 惡 惡
		惡毒(모질 **악**, 독할 **독**) 모질고 혹독함. 惡法(모질 **악**, 법 **법**) 사회에 해를 끼치는 법률.
積	쌓을 적	一 二 千 千 禾 禾 利 秝 秝 秸 積 積 積 積
		積金(쌓을 **적**, 쇠 **금**) 돈을 모아 두는 것. 또는 그 돈. 累積(얽힐 **누**, 쌓을 **적**) 포개어 쌓거나 쌓이는 일.

禍因惡積 : 재앙은 악을 쌓았기 때문에 일어나는 것이다.

福	복 복	一 ニ 亍 亍 禾 禾 利 和 祠 禑 福 福 福
		福音(복 **복**, 소리 **음**) 기쁜 소식. 祝福(빌 **축**, 복 **복**) 복을 빌어주는 것.
緣	인연 연	ノ ㄠ ㄠ 幺 幺 糸 糸 紀 約 終 緣 緣 緣
		緣由(인연 **연**, 까닭 **유**) 일의 까닭. 緣邊(인연 **연**, 둘레 **변**) 바깥 둘레.
善	착할 선	丶 丶 ㄴ ㄴ ㄴ 羊 羊 羊 盖 善 善 善
		善良(착할 **선**, 어질 **량**) 착하고 어짊. 善惡(착할 **선**, 모질 **악**) 착한 것과 악한 것.
慶	경사 경	丶 一 广 广 广 庐 庐 庐 庐 庐 慶 慶 慶
		慶事(경사 **경**, 일 **사**) 크게 기쁜 일. 慶祝(경사 **경**, 빌 **축**) 크게 기쁘고 즐거워 축하함.

福緣善慶 : 복은 착한 일에서 연유하니, 착한 일을 하면 경사가 온다.

禍因惡積 : 재앙은 악을 쌓았기 때문에 일어나는 것이다.

福緣善慶 : 복은 착한 일에서 연유하니, 착한 일을 하면 경사가 온다.

尺	자 척	ㄱ ㄱ ㄹ 尺 尺度(자 **척**, 법 **도**) 자로 잰 길이. 또는 양을 재는 기준.
璧	구슬 벽	' ㄹ ㄹ 丹 启 启ᅩ 启ᅭ 辟 辟 辟 辟 璧 璧 璧人(구슬 **벽**, 사람 **인**) 구슬처럼 아름다운 사람.
非	아닐 비	) ㅣ ㅓ ㅋ ㅋ 非 非 非 非常(아닐 **비**, 일상 **상**) 보통이 아님. 非凡(아닐 **비**, 무릇 **범**) 범상치 않음.
寶	보배 보	` ' 宀 宀 宀 宀 宀 宙 宙 寶 寶 寶 寶 寶 寶劍(보배 **보**, 칼 **검**) 보배로운 칼. 寶庫(보배 **보**, 창고 **고**) 보물창고.

尺璧非寶 : 한 자나 되는 구슬이라도 다 보배는 아니다.

寸	마디 촌	一 十 寸 寸陰(마디 **촌**, 그늘 **음**) 얼마 안 되는 짧은 시간. 寸志(마디 **촌**, 뜻 **지**) 조그만 뜻을 나타내는 작은 선물.
陰	그늘 음	' ㄱ ㅏ ㅏ ㅏ 阝 阝 陰 陰 陰 陰 陰地(그늘 **음**, 땅 **지**) 햇볕이 들지 않는 그늘진 땅. 綠陰(푸를 **녹**, 그늘 **음**) 푸른 잎이 우거진 나무 그늘.
是	이 시	ㅣ 冂 日 日 日 早 早 早 是 是 是非(이 **시**, 아닐 **비**) 옳고 그름. 是認(이 **시**, 알 **인**) 잘못을 알고 인정함.
競	다툴 경	ㅗ ㅗ 고 立 产 音 音 竞 竞 竞 竞 競 競 競 競爭(다툴 **경**, 다툴 **쟁**) 서로 겨루어 다툼. 競馬(다툴 **경**, 말 **마**) 말을 타고 겨루는 경기.

寸陰是競 : 아주 짧은 시간이라도 다투어 귀하게 여겨야 한다.

尺壁非寶：한 자나 되는 구슬이라도 다 보배는 아니다.

寸陰是競：아주 짧은 시간이라도 다투어 귀하게 여겨야 한다.

資父事君

바탕 자	一 ｒ ｆ 宀 冖 次 次 咨 咨 咨 資 資
	資格(바탕 **자**, 격식 **격**) 일정한 신분·지위를 가지는 데 필요한 조건.

아버지 부	′ ′′ ゲ 父
	父母(아버지 **부**, 어머니 **모**) 아버지와 어머니. 父子(아버지 **부**, 아들 **자**) 아버지와 아들.

일 사	一 ｒ 冂 曰 ョ 亐 事 事
	事故(일 **사**, 연고 **고**) 뜻밖에 일어난 일이나 탈. 事物(일 **사**, 만물 **물**) 일과 물건의 총칭.

임금 군	７ ⇁ ⇒ 尹 尹 君 君
	君子(임금 **군**, 아들 **자**) 남의 모범이 될 만한 인물. 君臣(임금 **군**, 신하 **신**) 임금과 신하.

資父事君 : 부모를 섬기는 효성으로 임금을 충성되게 모셔야 한다.

曰嚴與敬

가로 왈	ｌ 冂 曰 日
	曰子(가로 **왈**, 아들 **자**) 언행이 단정치 못한 사람을 이르는 말. 왈패.

엄할 엄	″ ″ ″″ ″″ 严 严 严 严 严 严 眉 嚴 嚴 嚴
	嚴命(엄할 **엄**, 목숨 **명**) 엄한 명령. 嚴正(엄할 **엄**, 바를 **정**) 엄격하고 정확함.

더불 여	′ ｆ ｆ ｆ ｆ ｆ 酋 酋 酋 酋 酋 與 與
	與件(더불 **여**, 사건 **건**) 주어진 조건. 參與(참여할 **참**, 더불 **여**) 참가하여 관계함.

공경할 경	一 ＋ ＋ ＋＋ ＋＋ 芍 芍 芍 苟 苟 苟 敬
	敬老(공경할 **경**, 늙을 **로**) 노인을 공경하는 것. 敬意(공경할 **경**, 뜻 **의**) 공경하는 뜻.

曰嚴與敬 : 임금을 대하는 데에는 엄숙함과 공경함이 있어야 한다.

資父事君

資 資 資 資 資 資 資 資 資
父 父 父 父 父 父 父 父 父
事 事 事 事 事 事 事 事 事
君 君 君 君 君 君 君 君 君

資父事君 : 부모를 섬기는 효성으로 임금을 충성되게 모셔야 한다.

曰嚴與敬

曰 曰 曰 曰 曰 曰 曰 曰 曰
嚴 嚴 嚴 嚴 嚴 嚴 嚴 嚴 嚴
與 與 與 與 與 與 與 與 與
敬 敬 敬 敬 敬 敬 敬 敬 敬

曰嚴與敬 : 임금을 대하는 데에는 엄숙함과 공경함이 있어야 한다.

孝當竭力	효도 효	一 十 土 耂 夹 考 孝
		孝誠(효도 **효**, 정성 **성**) 부모를 섬기는 정성. 孝子(효도 **효**, 아들 **자**) 효성스런 아들.
	마땅할 당	丨 丨 丬 丬 彐 当 尚 尚 當 當 當 當
		當面(마땅할 **당**, 얼굴 **면**) 일이 바로 눈앞에 닥침. 當選(마땅할 **당**, 가릴 **선**) 선거에 뽑히는 것.
	다할 갈	丶 亠 立 立 产 立 立 立 丩 丩 場 場 場 場 竭
		竭力(다할 **갈**, 힘 **력**) 있는 힘을 다하는 것.
	힘 력	フ 力
		力作(힘 **역**, 지을 **작**) 힘들여 지음. 또는 그 작품. 協力(화할 **협**, 힘 **력**) 힘을 합하여 돕는 것.

孝當竭力 : 부모를 모시고 효도하는 일에 마땅히 힘을 다해야 한다.

忠則盡命	충성 충	丨 口 口 中 忡 忠 忠 忠
		忠誠(충성 **충**, 정성 **성**) 참마음에서 우러나는 정성. 忠直(충성 **충**, 곧을 **직**) 충성스럽고 곧음. 충실하고 정직함.
	법칙 칙	丨 冂 目 月 目 貝 貝 貝 則
		原則(근본 **원**, 법칙 **칙**) 일반의 경우에 적용되는 법칙. 法則(법 **법**, 법칙 **칙**) 법칙.
	다할 진	一 ㄱ ヨ ㅋ 主 聿 肀 聿 肀 聿 肀 肀 肀 盡
		盡力(다할 **진**, 힘 **력**) 힘을 다함. 極盡(가운데 **극**, 다할 **진**) 마음과 힘을 다함.
	목숨 명	ノ 人 亼 亽 合 合 슮 命
		命令(목숨 **명**, 하여금 **령**) 웃사람이 아랫사람에게 내리는 분부. 壽命(목숨 **수**, 목숨 **명**) 생물의 목숨. 또는 살아있는 연한.

忠則盡命 : 충성은 곧 목숨을 다 바치는 것이다.

孝當竭力

孝當竭力 : 부모를 모시고 효도하는 일에 마땅히 힘을 다해야 한다.

忠則盡命

忠則盡命 : 충성은 곧 목숨을 다 바치는 것이다.

臨深履薄

임할 임
丶 丶 丨 丫 丮 臣 臣' 臣" 臨 臨 臨 臨 臨

臨迫(임할 임, 다그칠 박) 어떤 시기가 가까이 다가오는 것.
枉臨(굽을 왕, 임할 림) 남이 오는 것을 높여 이르는 말.

깊을 심
丶 丶 氵 氵 氵 泙 洰 浑 浑 深 深

深刻(깊을 심, 새길 각) 깊이 새김.
深夜(깊을 심, 밤 야) 한밤중.

밟을 리
フ コ ア 尸 尸 尸 尸 屏 屏 屏 屏 屏 履

履歷(밟을 이, 지날 력) 지금까지 거쳐온 학업, 직업 등의 내력. 경력.

얇을 박
一 十 艹 艹 艹 艹 艹 艹 菏 蒲 蒲 薄 薄

刻薄(새길 각, 얇을 박) 모나고 인정이 없음.

臨深履薄 : 부모님 앞에서는 깊은 곳에 임하듯, 얇은 데를 밟듯이 조심하고 주의하라.

夙興溫凊

이를 숙
丿 几 凡 凡 夙 夙

夙怨(이를 숙, 원망할 원) 오래 쌓인 원한.
夙心(이를 숙, 마음 심) 일찍부터 품은 뜻.

일어날 흥
丶 亻 亻 亻 亻 旧 旧 舁 舁 舁 與 興

興味(일으킬 흥, 맛 미) 흥을 느끼는 재미.
復興(다시 부, 일어날 흥) 쇠퇴하였던 것을 다시 일어나게 함.

따뜻할 온
丶 丶 氵 氵 氵 汩 汩 浥 浥 浥 温 溫 溫

溫氣(따뜻할 온, 기운 기) 따뜻한 기운.
溫室(따뜻할 온, 집 실) 난방장치를 한 방.

서늘할 청
丶 丶 氵 氵 清 清 清 清 清

夏凊(여름 하, 서늘할 청) 서늘한 여름.

夙興溫凊 : 일찍 일어나서 추우면 따뜻하게, 더우면 시원하게 하라.

臨深履薄 : 부모님 앞에서는 깊은 곳에 임하듯, 얇은 데를 밟듯이 조심하고 주의하라.

夙興溫凊 : 일찍 일어나서 추우면 따뜻하게, 더우면 시원하게 하라.

似	같을 사	ノ イ 亻 仏 似 似
		似而非(같을 사, 어조사 이, 아닐 비) 겉으론 비슷하나 속은 완전히 다른 것.
蘭	난초 란	⺈ ⺈⺈ ⺈⺈ ⺈⺈ ⺈⺈ 萠 萠 萠 萠 蘭 蘭 蘭
		蘭草(난초 난, 풀 초) 난초.
斯	이 사	一 十 卄 廿 甘 其 其 其 其 斯 斯 斯
		斯界(이 사, 지경 계) 이 분야. 斯道(이 사, 길 도) 이 길. 성인의 길.
馨	향기로울 형	一 士 吉 声 声 殸 殸 磬 磬 磬 磬 馨 馨
		潔馨(맑을 결, 향기로울 형) 맑고 깨끗한 향기.

似蘭斯馨 : 이렇게 덕을 쌓으면 난초와 같이 그 향기가 멀리까지 퍼져나간다.

如	같을 여	く 夕 女 如 如 如
		如實(같을 여, 열매 실) 사실과 똑같음.
松	소나무 송	一 十 才 木 札 松 松
		松林(소나무 송, 수풀 림) 소나무 숲. 老松(늙을 노, 소나무 송) 늙은 소나무.
之	갈 지	ヽ ㇇ 之
		他山之石(다를 타, 메 산, 갈 지, 돌 석) 다른 사람의 하찮은 언행도 자기의 지덕 연마에 쓸모가 있다는 말.
盛	성할 성	ノ 厂 厈 成 成 成 成 盛 盛 盛 盛
		盛大(성할 성, 큰 대) 규모가 아주 크고 푸짐함. 盛行(성할 성, 행할 행) 매우 왕성하게 유행하는 것.

如松之盛 : 군자의 절개는 소나무와 같이 변치 않고 성하다.

似蘭斯馨 : 이렇게 덕을 쌓으면 난초와 같이 그 향기가 멀리까지 퍼져나간다.

如松之盛 : 군자의 절개는 소나무와 같이 변치 않고 성하다.

川流不息	내 천	ノ ノl 川 開川(열 **개**, 내 **천**) 개골창 물이 흘러나가도록 길게 판 내. 河川(물 **하**, 내 **천**) 시내. 강.
	흐를 류	丶 氵 氵 氿 浐 泸 泸 流 流 流動(흐를 **유**, 움직일 **동**) 흘러 움직임. 流水(흐를 **유**, 물 **수**) 흐르는 물.
	아니 불	一 丆 不 不 不可(아니 **불**, 옳을 **가**) 옳지 않은 것.. 不當(아닐 **부**, 마땅 **당**) 이치에 맞지 않음.
	쉴 식	′ 亻 冂 自 自 自 息 息 息 休息(쉴 **휴**, 쉴 **식**) 일의 도중에서 잠깐 쉬는 것. 安息(편안할 **안**, 쉴 **식**) 편안하게 쉬는 것.

川流不息 : 군자의 덕행은 흐르는 물처럼 쉬지 않는다.

淵澄取映	못 연	丶 氵 氵 氵 氵 沪 沪 沪 渊 渊 淵 淵源(못 **연**, 근원 **원**) 사물의 근원. 본원(本源).
	맑을 징	丶 氵 氵 氵 浐 浐 浐 浐 浐 浐 澄 澄 澄 澄碧(맑을 **징**, 푸를 **벽**) 맑고 푸름. 또는 그 빛.
	취할 취	一 丆 丆 斤 斤 耳 取 取 取得(취할 **취**, 얻을 **득**) 자기 소유로 하여 가지는 것. 取下(취할 **취**, 아래 **하**) 도로 거두어 들이는 것.
	비칠 영	丨 冂 日 日 日 旫 旫 映 映 映畫(비칠 **영**, 그림 **화**) 영화. 映像(비칠 **영**, 형상 **상**) 광선의 굴절, 반사를 따라 물상이 나타나는 일.

淵澄取映 : 군자는 맑은 물에 모든 물체가 비치듯이 꾸밈없이 사실 그대로 행동하여야 한다.

川流不息 : 군자의 덕행은 흐르는 물처럼 쉬지 않는다.

淵澄取映 : 군자는 맑은 물에 모든 물체가 비치듯이 꾸밈없이 사실 그대로 행동하여야 한다.

容止若思

얼굴 용	丶 丶 宀 宀 宀 宀 宆 突 容 容
	容量(얼굴 **용**, 헤아릴 **량**) 물건이 담기는 분량. 許容(허락할 **허**, 얼굴 **용**) 허락하여 용납하는 것.

그칠 지	丨 ㅏ ㅑ 止
	禁止(금할 **금**, 그칠 **지**) 못하게 하는 일. 中止(가운데 **중**, 그칠 **지**) 중간에 그만 두는 것.

같을 약	一 卄 卄 廾 芢 芢 若 若
	若干(같을 **약**, 사이 **간**) 약간. 若此(같을 **약**, 이 **차**) 이와 같이.

생각 사	丨 冂 冂 田 田 甲 思 思 思
	思考(생각 **사**, 생각할 **고**) 생각하고 궁리함. 思想(생각 **사**, 형상 **상**) 사회, 인생 등에 대한 일정한 견해.

容止若思 : 행동은 침착히 하고 조용히 생각하여라.

言辭安定

말씀 언	一 二 二 言 言 言 言
	言動(말씀 **언**, 움직일 **동**) 말과 행동. 言約(말씀 **언**, 맺을 **약**) 약속함.

말씀 사	⺈ ⺊ 厸 厹 㕚 爫 爯 爵 爵 爵 爵 辞 辞 辭
	辭典(말씀 **사**, 법 **전**) 사전. 辯士(말잘할 **변**, 선비 **사**) 말을 잘하는 사람.

편안할 안	丶 丶 宀 宀 安 安
	安否(편안할 **안**, 아니 **부**) 편안 여부를 묻는 인사. 問安(물을 **문**, 편안할 **안**) 웃어른에게 안부를 묻는 것.

정할 정	丶 丶 宀 宀 宀 宁 定 定
	定價(정할 **정**, 값 **가**) 정해진 값. 定義(정할 **정**, 옳을 **의**) 한 사물의 개념을 명확하게 한정하는 일.

言辭安定 : 태도만 침착하게 할 뿐 아니라 말도 또한 안정케 하여라.

容	容	容	容	容	容	容	容	容	容	容
止	止	止	止	止	止	止	止	止	止	止
若	若	若	若	若	若	若	若	若	若	若
思	思	思	思	思	思	思	思	思	思	思

容止若思 : 행동은 침착히 하고 조용히 생각하여라.

言	言	言	言	言	言	言	言	言	言	言
辭	辭	辭	辭	辭	辭	辭	辭	辭	辭	辭
安	安	安	安	安	安	安	安	安	安	安
定	定	定	定	定	定	定	定	定	定	定

言辭安定 : 태도만 침착하게 할 뿐 아니라 말도 또한 안정케 하여라.

篤	도타울 독	` ´ ⺮ ⺮ ⺮ ⺮ ⺮ 竹 笃 笃 篤 篤 篤 篤 篤
		敦篤(도타울 **돈**, 도타울 **독**) 우애나 관계가 도타운 것.
初	처음 초	` ㇀ ㇏ ⺋ ⺋ 初 初
		初行(처음 **초**, 갈 **행**) 처음으로 가는 길. 또는, 처음 하는 일. 最初(가장 **최**, 처음 **초**) 가장 처음.
誠	정성 성	` 二 ⺄ ⺄ ⺄ 言 言 言 訁 訪 訪 誠 誠 誠
		誠意(정성 **성**, 뜻 **의**) 참되고 정성스런 뜻. 忠誠(충성 **충**, 정성 **성**) 충성.
美	아름다울 미	` ㇀ ㇏ ⺀ ⺊ ⺌ 羊 羊 美 美
		美德(아름다울 **미**, 큰 **덕**) 아름다운 덕행. 美容(아름다울 **미**, 얼굴 **용**) 용모를 아름답게 매만지는 일.

篤初誠美 : 무엇이든 일을 할 때 처음에 신중히 하여라.

愼	삼갈 신	⺀ ⺀ 忄 忄 忄 忄 忄 忄 愼 愼 愼 愼 愼 愼
		愼重(삼갈 **신**, 무거울 **중**) 매우 조심스러운 것. 謹愼(삼갈 **근**, 삼갈 **신**) 몸가짐이나 행동을 조심하는 것.
終	끝 종	⺀ 夂 夂 夂 糸 糸 糸 終 終 終 終
		終末(끝 **종**, 끝 **말**) 어떤 일의 끝. 始終(비로소 **시**, 마칠 **종**) 처음과 끝. 어떤 일의 전 과정.
宜	마땅 의	` ` 宀 宀 宀 宀 宜 宜
		宜當(마땅 **의**, 마땅 **당**) 사리에 옳고 마땅함.
令	하여금 령	㇀ 人 亼 今 令
		令愛(하여금 **영**, 사랑 **애**) 남의 딸을 높여 부르는 말. 命令(목숨 **명**, 하여금 **령**) 윗사람이 아랫사람에게 내리는 분부.

愼終宜令 : 처음뿐만 아니라 끝맺음도 좋아야 한다.

篤初誠美 : 무엇이든 일을 할 때 처음에 신중히 하여라.

愼終宜令 : 처음뿐만 아니라 끝맺음도 좋아야 한다.

榮業所基

영화 영

丶 丷 ⺌ 火 ⺶ ⺸ 炒 炊 炏 燃 煢 煢 榮 榮 榮

榮光(영화 **영**, 빛 **광**) 빛나는 영예.
榮華(영화 **영**, 빛날 **화**) 귀하게 되어서 세상에 드러나는 것.

일 업

丨 丷 ⺌ ⺌ ⺌ 业 业 业 堂 堂 業 業 業

業務(일 **업**, 힘쓸 **무**) 생업의 일.
産業(낳을 **산**, 일 **업**) 생활에 필요한 것을 생산하는 모든 일.

바 소

丶 厂 戶 戶 戶 所 所 所

所感(바 **소**, 느낄 **감**) 느낀 바의 생각.
所得(바 **소**, 얻을 **득**) 어떤 일을 통해 얻은 이익.

터 기

一 十 ⼯ 廿 廿 甘 其 其 其 基 基

基金(터 **기**, 쇠 **금**) 어떤 일이나 사업을 위해 적립한 돈.
國基(나라 **국**, 터 **기**) 나라를 유지하는 기초.

榮業所基 : 이와 같이 잘 지키면 그것이 바로 번성의 기본이 되는 것이다.

籍甚無竟

자자할 자

丶 ⺮ ⺮ ⺮ ⺮ ⺮ 笁 筈 笙 籍 籍 籍 籍 籍

籍籍(자자할 **자**) 여러 사람 입에 오르내려 떠들썩하다.

더욱 심

一 十 ⼯ 廿 廿 甘 其 其 甚

甚大(심할 **심**, 큰 **대**) 더욱 큼.
極甚(가운데 **극**, 심할 **심**) 극히 심함.

없을 무

丿 ⺌ ⺶ ⺸ 缶 缶 無 無 無 無 無 無

無故(없을 **무**, 연고 **고**) 연고가 없음. 사고가 없이 평안함.

마침내 경

丶 ⺊ ⺊ ⺊ 立 产 音 音 音 竟 竟

畢竟(마칠 **필**, 마침내 **경**) 마침내.

籍甚無竟 : 그뿐만 아니라 자신의 명예로운 이름이 길이 전해지리라.

榮業所基 : 이와 같이 잘 지키면 그것이 바로 번성의 기본이 되는 것이다.

籍甚無竟 : 그뿐만 아니라 자신의 명예로운 이름이 길이 전해지리라.

學	배울 학	` ′ ´ F F F´ F⁴ 段 段 段 啟 與 學 學 學` 學識(배울 **학**, 알 **식**) 학문과 식견. 학문상의 식견. 學究(배울 **학**, 궁구할 **구**) 오로지 학문에 몰두하는 것.
優	넉넉할 우	` ′ ´ ´ ´ ´ ´ ´ ´ ´ ´ ´ ´ ´ 優` 優劣(넉넉할 **우**, 용렬할 **열**) 나음과 못함. 우등과 열등. 優待(넉넉할 **우**, 기다릴 **대**) 특별히 잘 대우함.
登	오를 등	` ᄀ ᄽ ᄽ ᄽ ᄽ ᄽ 癶 登 登 登 登` 登校(오를 **등**, 학교 **교**) 학교에 가는 것. 登記(오를 **등**, 기록할 **기**) 기록에 올림.
仕	벼슬 사	`′ ′ ′ 仁 什 仕` 出仕(날 **출**, 벼슬 **사**) 벼슬을 하여 처음 출근함. 奉仕(받들 **봉**, 벼슬 **사**) 자신을 돌보지 아니하고 애쓰는 것.

學優登仕 : 배운 바가 넉넉하면 벼슬에 오른다.

攝	잡을 섭	`‐ ᅵ ᅢ ᅣ ᅣ ᅣ ᅣ ᅣ ᅣ ᅣ ᅣ 攝 攝 攝` 攝取(잡을 **섭**, 가질 **취**) 양분을 빨아들임. 攝政(잡을 **섭**, 정사 **정**) 임금을 대리하여 정사를 맡아 봄.
職	일 직	`‐ ᅳ ᅳ ᅳ ᅳ 耳 耳 耳 耳 聍 聍 聍 職 職 職` 職業(일 **직**, 업 **업**) 생활을 유지하기 위해 갖는 일. 求職(구할 **구**, 일 **직**) 직장을 구하는 것.
從	좇을 종	`′ ′ ´ ´ ´ ´ ´ ´ 從 從` 從事(좇을 **종**, 일 **사**) 어떤 일에 마음과 힘을 다하는 것. 從軍(좇을 **종**, 군사 **군**) 군대를 따라 싸움터로 나가는 것.
政	정사 정	`‐ ᅮ ᅮ ᅮ 正 正 政 政` 政見(정사 **정**, 볼 **견**) 정치에 대한 의견이나 식견. 政治(정사 **정**, 다스릴 **치**) 나라를 다스리는 일.

攝職從政 : 벼슬에 올라 정사에 따른다는 마음으로 정치에 참여한다.

學優登仕

學優登仕 : 배운 바가 넉넉하면 벼슬에 오른다.

攝職從政

攝職從政 : 벼슬에 올라 정사에 따른다는 마음으로 정치에 참여한다.

存	있을 존	一 ナ ナ 疒 存 存 存在(있을 **존**, 있을 **재**) 사람이나 사물이 실재로 있는 것. 保存(보전 **보**, 있을 **존**) 잘 지니어 잃지 않도록 함.
以	써 이	丶 丶 丶 以 以 以南(써 **이**, 남녘 **남**) 어떤 기준으로부터 그 남쪽. 所以(바 **소**, 써 **이**) 까닭.
甘	달 감	一 十 卄 廿 甘 甘苦(달 **감**, 쓸 **고**) 단 맛과 쓴 맛. 甘受(달 **감**, 받을 **수**) 불만 없이 달게 받는 것.
棠	아가위 당	丶 丶 丷 丷 屵 屵 屵 屵 堂 堂 棠 아가위나무. 돌배나무.

存以甘棠 : 주나라의 관리 소공이 아가위나무 아래에서 백성을 교화하였다.

去	갈 거	一 十 土 去 去 去取(갈 **거**, 가질 **취**) 일신의 진퇴. 過去(지날 **과**, 갈 **거**) 지나간 때. 지난날.
而	어조사 이	一 丆 丆 丙 而 而 그리고. 또. 또한. 그러나. 접속의 역할을 함.
益	더할 익	丿 八 八 쓰 쓰 쓰 谷 谷 益 益 益鳥(더할 **익**, 새 **조**) 인간에게 이로운 새. 利益(날카로울 **이**, 더할 **익**) 어떤 일을 통하여 이로운 것을 남김.
詠	읊을 영	一 二 三 言 言 言 言 訂 詞 詠 詠 詠歌(읊을 **영**, 노래 **가**) 창가(唱歌). 誦詠(욀 **송**, 읊을 **영**) 시가를 외워 읊는 것.

去而益詠 : 소공이 죽자 남국의 백성이 그 덕을 기리어 감당시를 읊었다.

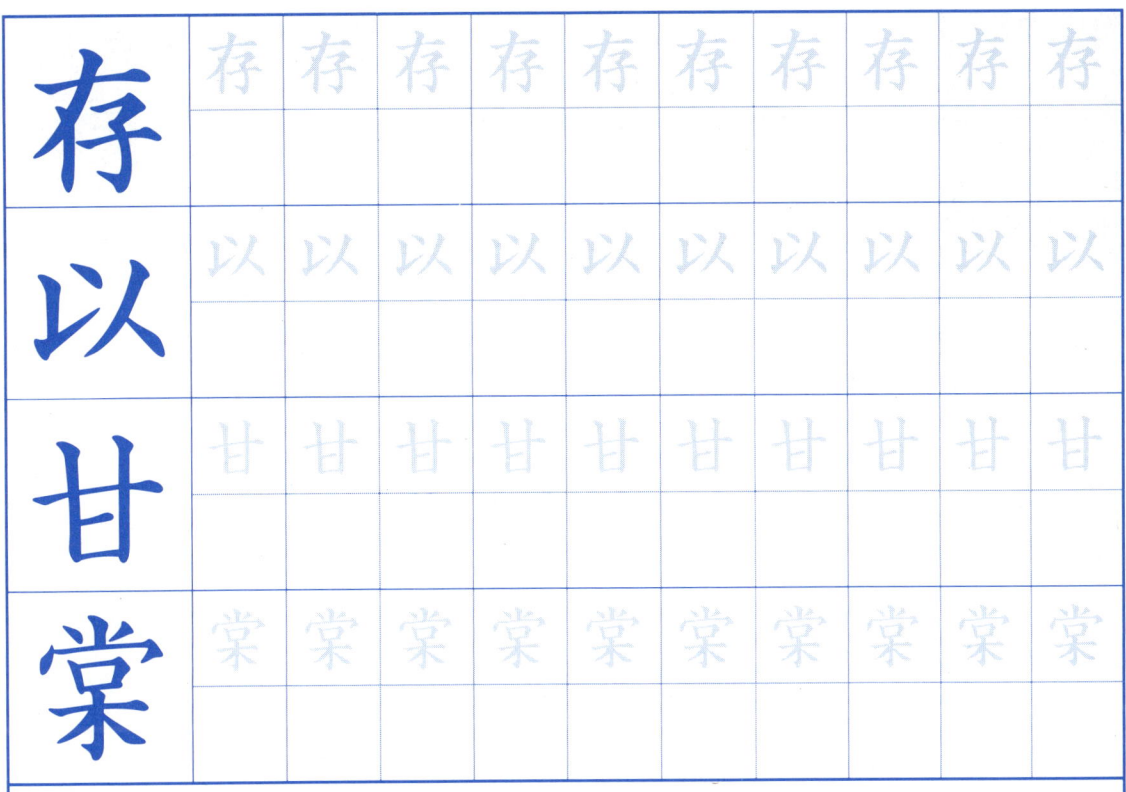

存以甘棠 : 주나라의 관리 소공이 아가위나무 아래에서 백성을 교화하였다.

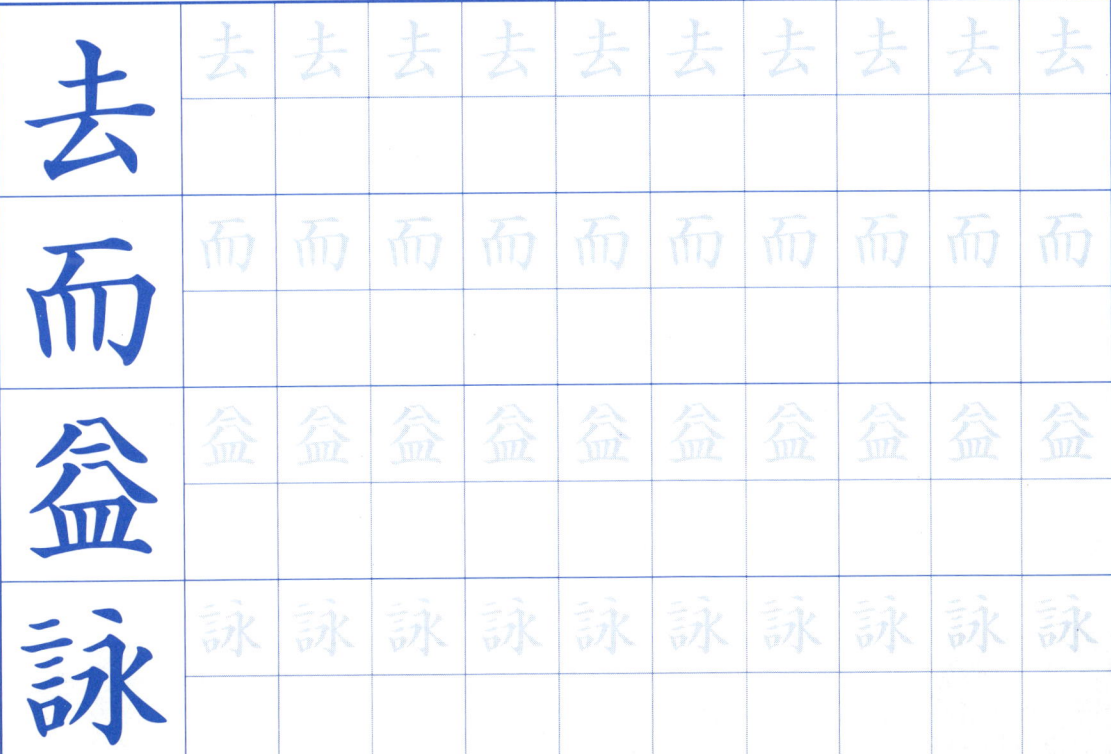

去而益詠 : 소공이 죽자 남국의 백성이 그 덕을 기리어 감당시를 읊었다.

樂 풍류 악	` ´ ´ ´ ´ 自 自 伯 伯 樂 樂 樂 樂 樂
	樂譜(풍류 **악**, 족보 **보**) 음악의 곡조를 일정한 기호로 기록한 것. 音樂(소리 **음**, 풍류 **악**) 음악.
殊 다를 수	一 丆 歹 歹 歹 殀 殀 殊 殊 殊
	殊功(다를 **수**, 공 **공**) 뛰어난 공훈. 特殊(특별할 **특**, 다를 **수**) 보통의 것과는 특별히 다름.
貴 귀할 귀	` 丨 冂 冂 中 虫 虫 串 眚 眚 眚 貴 貴
	貴重(귀할 **귀**, 무거울 **중**) 소중히 여김. 高貴(높을 **고**, 귀할 **귀**) 훌륭하고 귀중함.
賤 천할 천	丨 冂 冃 目 貝 貝 貝― 貝― 貝〒 貝弋 貝戔 貝戔 賤 賤
	賤民(천할 **천**, 백성 **민**) 지체가 낮고 천한 백성. 貴賤(귀할 **귀**, 천할 **천**) 귀한 것과 천한 것.

樂殊貴賤 : 사람은 속해 있는 신분에 따라 귀한 사람은 귀한 대로 천한 사람은 천한 대로 자기의 신분에 맞는 풍류를 즐겼다.

禮 예도 례	一 二 亍 〒 示 示 示丨 示丨 示冂 示曲 禮 禮 禮 禮
	禮儀(예도 **예**, 거동 **의**) 예절과 몸가짐. 禮物(예도 **예**, 만물 **물**) 예의를 표하기 위해 주는 물건.
別 다를 별	` 冂 口 口 尸 另 別 別
	別故(다를 **별**, 연고 **고**) 뜻밖의 사고. 作別(지을 **작**, 다를 **별**) 서로 인사를 나누고 헤어지는 것.
尊 높을 존	` ´ ´ ´ 个 合 刍 酋 酋 酋 酋 尊 尊
	尊敬(높을 **존**, 공경할 **경**) 존대하여 공경함. 尊待(높을 **존**, 기다릴 **대**) 높이 받들어 대접하는 것.
卑 낮을 비	` ´ 白 白 甶 曲 鱼 卑
	卑屈(낮을 **비**, 굽을 **굴**) 겁이 많고 줏대가 없이 천박함. 卑下(낮을 **비**, 아래 **하**) 자기 자신을 낮추는 것.

禮別尊卑 : 신분의 높고 낮음의 구분이 있어서 신분에 따라 나름대로의 예의를 지켰다.

樂殊貴賤 : 사람은 속해 있는 신분에 따라 귀한 사람은 귀한 대로 천한 사람은 천한 대로 자기의 신분에 맞는 풍류를 즐겼다.

禮別尊卑 : 신분의 높고 낮음의 구분이 있어서 신분에 따라 나름대로의 예의를 지켰다.

上和下睦

윗 상	ㅣ ㅏ 上
	上陸(윗 **상**, 뭍 **륙**) 육지로 올라오는 것. 最上(가장 **최**, 윗 **상**) 수준이나 등급이 맨 위인 것.
화목할 화	一 二 千 千 千 禾 和 和
	和解(화목할 **화**, 풀 **해**) 다툼질을 그치고 서로 감정을 푸는 것. 人和(사람 **인**, 화합 **화**) 인심이 화합함.
아래 하	一 丅 下
	下問(아래 **하**, 물을 **문**) 아랫사람에게 묻는 것. 貴下(귀할 **귀**, 아래 **하**) 상대방을 존중하여 이름 대신 쓰는 말.
화목할 목	ㅣ ㄇ ㄇ 目 目 目﹒ 目╋ 目丰 目丰 目丰 目丰 睦 睦
	和睦(화목할 **화**, 화목할 **목**) 화목. 親睦(친할 **친**, 화목할 **목**) 서로 친하여 뜻이 맞고 정다운 것.

上和下睦 : 위에서 사랑하고 아래서 공경함으로써 서로 화목하게 된다.

夫唱婦隨

지아비 부	一 二 丰 夫
	夫婦(지아비 **부**, 지어미 **부**) 남편과 아내. 夫君(지아비 **부**, 임금 **군**) "남편"의 높임말.
부를 창	ㅣ ㅁ ㅁ 미 미ㄱ 며 며ㅁ 며ㅁ 唱 唱
	唱歌(부를 **창**, 노래 **가**) 갑오경장 이후 발생한 음악의 한 형식. 主唱(주인 **주**, 부를 **창**) 앞장서서 부르짖음.
지어미 부	ㄑ ㄥ 女 女ㄱ 女ㅋ 女ㅋ 女ㅋ 婷 婷 婦 婦
	婦德(지어미 **부**, 큰 **덕**) 여인네가 닦아야 할 덕행. 賢婦(어질 **현**, 지어미 **부**) ①현명한 부인. ②어진 며느리.
따를 수	ʼ ㄅ ㄅ 阝 阝⁻ 阝⁻ 阝⁻ 阝⁻ 陏 陏 隋 隋 隨
	隨想(따를 **수**, 생각 **상**) 그때 그때 떠오르는 생각. 隨行(따를 **수**, 행할 **행**) 일정한 사명을 띠고 따라감.

夫唱婦隨 : 가정에서도 남편이 부르면 아내가 따라서 화목한 가정을 이루어야 한다.

上和下睦 : 위에서 사랑하고 아래서 공경함으로써 서로 화목하게 된다.

夫唱婦隨 : 가정에서도 남편이 부르면 아내가 따라서 화목한 가정을 이루어야 한다.

外	바깥 외	ノ ク 夕 タ 外 外
		外交(바깥 **외**, 사귈 **교**) 외국과의 교제. 除外(제할 **제**, 바깥 **외**) 어떤 범위의 밖에 두는 것.
受	받을 수	一 ・ ・ ・ ・ ・ ・ ・ 乎 受
		受賞(받을 **수**, 상줄 **상**) 상을 받음. 傳受(전할 **전**, 받을 **수**) 기술이나 지식 등을 전하여 받는 것.
傅	스승 부	ノ 亻 亻 亻 亻 亻 亻 俌 俌 俌 傅 傅
		師傅(스승 **사**, 스승 **부**) 자기를 가르쳐 이끌어 주는 사람.
訓	가르칠 훈	一 二 二 ÷ 言 言 言 訓 訓 訓
		訓令(가르칠 **훈**, 하여금 **령**) 상급관청이 하급관청에 내리는 명령. 訓示(가르칠 **훈**, 보일 **시**) 주의사항을 주거나 가르쳐 타이르는 것.

外受傅訓 : 나이가 차면 밖에 나가 스승의 가르침을 받아야 한다.

入	들 입	ノ 入
		入門(들 **입**, 문 **문**) 어떤 것을 배우는 길에 들어가는 것. 出入(날 **출**, 들 **입**) 드나드는 일.
奉	받들 봉	一 二 三 丰 夫 夫 耒 奉
		奉養(받들 **봉**, 기를 **양**) 부모나 조부모를 받들어 섬기는 것. 奉行(받들 **봉**, 갈 **행**) 웃어른이 시키는 대로 받들어 행하는 것.
母	어머니 모	乚 ㄥ 乜 母 母
		母校(어미 **모**, 학교 **교**) 자신이 졸업하거나 다니고 있는 학교. 母女(어미 **모**, 계집 **녀**) 어머니와 딸.
儀	거동 의	ノ 亻 亻 亻 亻 伴 伴 伴 伴 伴 伴 儀 儀 儀
		儀式(거동 **의**, 법 **식**) 어떤 행사를 치르는 법식. 儀禮(거동 **의**, 예도 **례**) 의식.

入奉母儀 : 집에 들어와서는 어머니를 받들어 예의에 벗어나지 않도록 해야 한다.

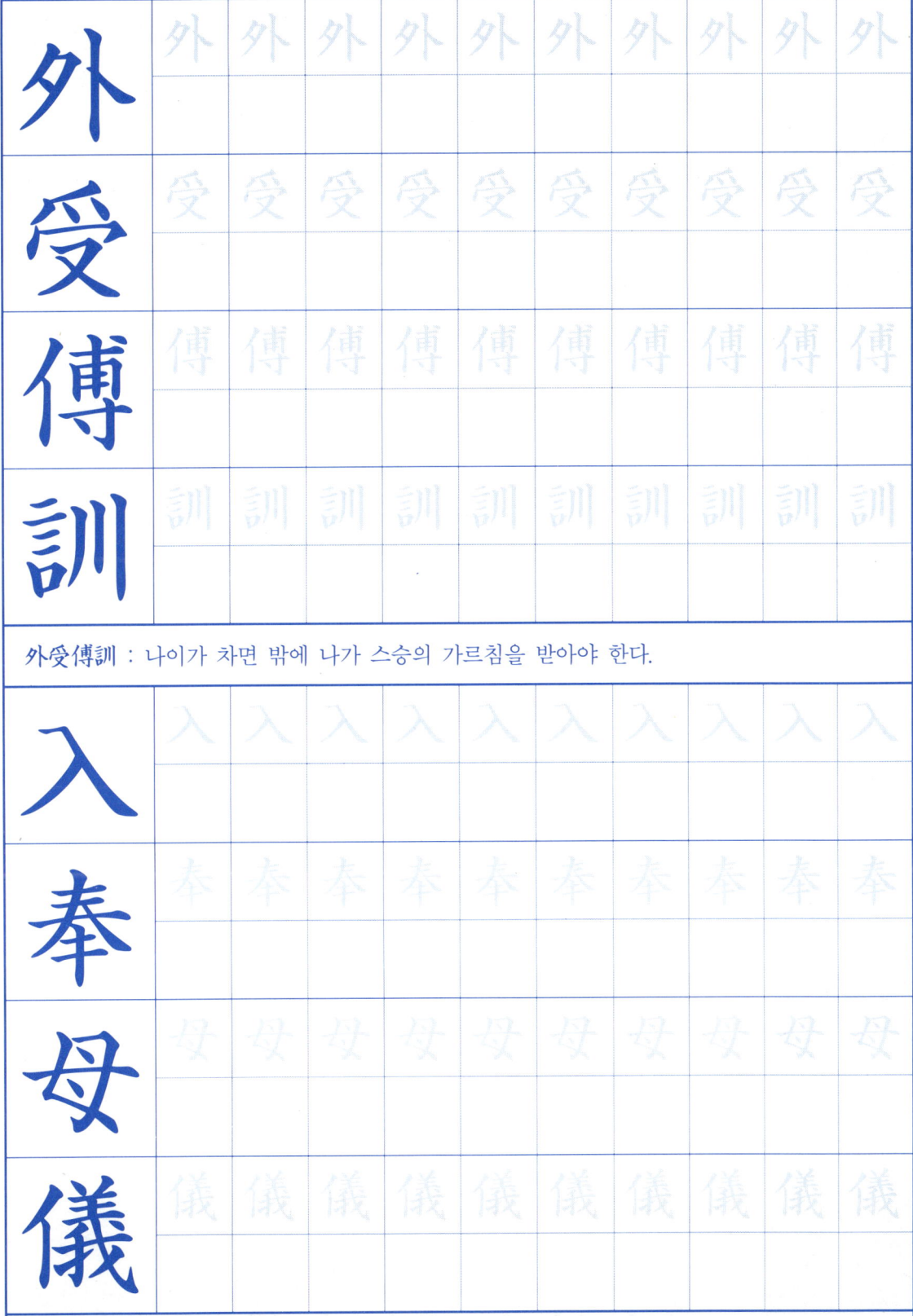

外受傅訓 : 나이가 차면 밖에 나가 스승의 가르침을 받아야 한다.

入奉母儀 : 집에 들어와서는 어머니를 받들어 예의에 벗어나지 않도록 해야 한다.

諸姑伯叔

모두 제	一 二 三 三 言 言 言 計 討 許 許 諸 諸 諸
	諸君(모두 제, 임금 군) '여러분'의 뜻으로 주로 손아랫사람에게 씀. 諸般(모두 제, 돌아올 반) 여러가지. 모든.

고모 고	く 夕 女 女 圹 圹 姑 姑
	姑母(고모 고, 어미 모) 고모. 姑從(고모 고, 좇을 종) '고종사촌'의 준말.

맏 백	ノ 亻 亻 亻 伯 伯 伯
	伯仲(맏 백, 버금 중) ①맏이와 둘째. ②재주 등이 서로 비금비금함. 伯氏(맏 백, 성 씨) 남의 '맏형' (높임말).

아저씨 숙	丨 卜 上 扌 扌 未 叔 叔
	叔姪(아저씨 숙, 조카 질) 아저씨와 조카. 叔母(아저씨 숙, 어미 모) 숙부의 아내.

諸姑伯叔 : 고모와 백부, 숙부들은 모두 아버지의 형제시니 잘 모셔야 한다.

猶子比兒

같을 유	´ 犭 犭 犭 犷 犷 犷 狝 猶 猶 猶
	猶豫(같을 유, 미리 예) 시간이나 날짜를 미루고 끎.

아들 자	一 了 子
	子女(아들 자, 계집 녀) 아들과 딸. 孝子(효도 효, 아들 자) 효성스런 자식.

견줄 비	一 ヒ 比 比
	比等(견줄 비, 무리 등) 서로 비슷함. 對比(대답할 대, 견줄 비) 차이를 서로 비교하는 것.

아이 아	´ 亻 亻 臼 臼 臼 臼 兒
	兒童(아이 아, 아이 동) 어린 아이. 育兒(기를 육, 아이 아) 어린 아이를 기르는 것.

猶子比兒 : 조카들도 자기 아이들과 같이 대해야 한다. 유자(猶子)란 조카를 말한다.

諸姑伯叔

諸姑伯叔 : 고모와 백부, 숙부들은 모두 아버지의 형제시니 잘 모셔야 한다.

猶子比兒

猶子比兒 : 조카들도 자기 아이들과 같이 대해야 한다. 유자(猶子)란 조카를 말한다.

孔懷兄弟

매우 공	ㄱ 了 子 孔
	孔孟(매우 **공**, 맹랑할 **맹**) 공자와 맹자. 孔明(매우 **공**, 밝을 **명**) 매우 밝음.
품을 회	ㅣ 忄 忄 忄 忙 忙 忄 怀 怀 懷 懷 懷 懷 懷
	懷抱(품을 **회**, 안을 **포**) 마음 속에 품은 정. 懷古(품을 **회**, 옛 **고**) 옛일을 회상함.
맏 형	ㅣ ㅁ ㅁ ㄕ 兄
	兄弟(맏 **형**, 아우 **제**) 형과 동생. 妹兄(누이 **매**, 맏 **형**) 손위 누이의 남편.
아우 제	` ゛ ゛ 弟 弟 弟
	弟子(아우 **제**, 아들 **자**) 가르침을 받는 사람. 弟氏(아우 **제**, 성 **씨**) 남의 아우를 높여 부르는 말.

孔懷兄弟 : 형제는 서로 사랑하여 의좋게 지내야 한다.

同氣連枝

같을 동	ㅣ 冂 冂 冋 同 同
	同感(같을 **동**, 느낄 **감**) 같은 느낌. 同甲(같을 **동**, 갑옷 **갑**) 같은 나이. 또는, 나이가 같은 사람.
기운 기	ノ 卜 与 气 气 気 氛 氣 氣 氣
	氣溫(기운 **기**, 더울 **온**) 대지의 온도. 熱氣(더울 **열**, 기운 **기**) 뜨거운 기운.
이을 련	一 厂 厅 百 百 亘 車 車 連 連 連
	連結(이을 **연**, 맺을 **결**) 서로 이어서 맺는 것. 連勝(이을 **연**, 이길 **승**) 연이어 이기는 것.
가지 지	一 十 才 木 朾 朾 枝 枝
	枝葉(가지 **지**, 잎사귀 **엽**) ①가지와 잎사귀. ②중요하지 않은 부분. 枝幹(가지 **지**, 줄기 **간**) 가지와 원 줄기.

同氣連枝 : 형제는 부모의 정기를 함께 받았으니, 이는 나무의 가지와도 같다.

孔懷兄弟

孔懷兄弟 : 형제는 서로 사랑하여 의좋게 지내야 한다.

同氣連枝

同氣連枝 : 형제는 부모의 정기를 함께 받았으니, 이는 나무의 가지와도 같다.

交	사귈 교	丶 亠 六 亣 交
		交代(사귈 교, 대신 대) 서로 번갈아 대신하는 것. 交通(사귈 교, 통할 통) 한 지역에서 다른 지역으로 이동하는 것.
友	벗 우	一 ナ 方 友
		友愛(벗 우, 사랑 애) 친구 사이의 사랑. 學友(배울 학, 벗 우) 한 학교에서 같이 공부하는 벗.
投	던질 투	一 亠 扌 扌 扒 投 投
		投書(던질 투, 글 서) 비리 등을 문서로 관계기관 등에 보내는 것. 投合(던질 투, 합할 합) 마음이 서로 딱 맞음.
分	나눌 분	丿 八 今 分
		分讓(나눌 분, 사양 양) 큰 덩어리를 잘라 여럿에게 양도하는 것. 分業(나눌 분, 업 업) 일을 나누어서 하는 것.

交友投分 : 벗을 사귐에 있어서 항상 진실되고 분수에 맞도록 해야 한다.

切	끊을 절	一 ヒ 切 切
		切斷(끊을 절, 끊을 단) 자르거나 베어 끊는 것. 切削(끊을 절, 깎을 삭) 쇠붙이를 자르거나 깎는 것.
磨	갈 마	丶 亠 广 广 庀 庁 府 麻 麻 麻 磨 磨 磨
		磨滅(갈 마, 멸할 멸) 갈려 닳아서 얇아지거나 없어지는 것. 磨耗(갈 마, 감할 모) 기계의 부품 등이 닳는 것.
箴	경계 잠	丿 ㅅ ㅆ ㅆ ㅆ ㅆ 产 产 产 笁 筬 箴 箴 箴
		箴戒(경계 잠, 경계할 계) 깨우쳐 타이르는 것.
規	법 규	一 二 ま 夫 扫 却 却 却 却 却 規 規
		規範(법 규, 법 범) 의무적으로 지켜야 할 질서. 規格(법 규, 격식 격) 일정한 규정에 맞는 격식.

切磨箴規 : 열심히 닦고 배워서 사람으로서의 도리를 다해야 한다.

交友投分 : 벗을 사귐에 있어서 항상 진실되고 분수에 맞도록 해야 한다.

切磨箴規 : 열심히 닦고 배워서 사람으로서의 도리를 다해야 한다.

仁	어질 인	ノ イ 仁 仁
		仁德(어질 **인**, 큰 **덕**) 사귀는 사람들과의 관계에서 복을 많이 받는 것.
慈	인자할 자	、 ソ ゾ ゾ 犭 犭 兹 兹 兹 慈 慈 慈
		慈善(인자할 **자**, 착할 **선**) 선의를 베풂. 仁慈(어질 **인**, 인자할 **자**) 어질고 자애로움.
隱	숨을 은	了 阝 阝 阝 阡 阡 阡 陘 隱 隱 隱 隱 隱
		隱蔽(숨을 **은**, 가릴 **폐**) 덮어 감춤. 가리어 숨김. 隱居(숨을 **은**, 거할 **거**) 사회활동을 피하고 숨어서 삶.
惻	슬플 측	丨 丨 忄 忄 忄 忄 恻 恻 恻 恻 惻 惻
		惻楚(슬퍼할 **측**, 아플 **초**) 슬퍼하고 괴로워함. 惻然(슬퍼할 **측**, 그럴 **연**) 가엾게 여기는 모양.

仁慈隱惻 : 어진 마음으로 다른 사람을 사랑하고 측은하게 여겨라.

造	지을 조	ノ ト 生 生 告 告 告 浩 造 造
		造林(지을 **조**, 수풀 **림**) 나무를 심어 숲을 이루는 일. 製造(지을 **제**, 지을 **조**) 물건을 만들어 냄.
次	버금 차	、 冫 冫 汐 次 次
		次期(버금 **차**, 기약 **기**) 다음의 시기. 順次(순할 **순**, 버금 **차**) ①돌아오는 차례. ②차례차례.
弗	아닐 불	一 コ 弓 弗 弗
		弗(아닐 **불**) 달러($). 弗素(아닐 **불**, 흴 **소**) 플루오르. ~치약.
離	떠날 리	亠 亠 产 卤 卤 离 离 离 剳 斳 斳 離 離
		離間(떠날 **이**, 사이 **간**) 두 사람 사이를 멀어지도록 하는 것. 距離(상거 **거**, 떠날 **리**) 공간적으로 떨어진 길이.

造次弗離 : 항상 다른 사람을 동정하는 마음이 떠나지 않도록 하라.

仁慈隱惻 : 어진 마음으로 다른 사람을 사랑하고 측은하게 여겨라.

造次弗離 : 항상 다른 사람을 동정하는 마음이 떠나지 않도록 하라.

節	마디 절	` ´ ⺮ ⺮ ⺮ ⺮ ⺮ ⺮ 筲 筲 笞 筲 節 節
		節介(마디 **절**, 클 **개**) 굳게 지키는 지조와 정절. 節減(마디 **절**, 덜 **감**) 절약하여 줄임.
義	옳을 의	` ´ ⺈ ⺊ 丷 芊 羊 羊 義 義 義 義
		義擧(옳을 **의**, 들 **거**) 옳은 일을 위하여 일어서는 것. 信義(믿을 **신**, 옳을 **의**) 믿음과 의리.
廉	청렴 렴	` 亠 广 广 广 产 庐 庐 庐 庫 庫 廉 廉
		廉恥(청렴 **염**, 부끄러울 **치**) 깨끗하고 부끄러움을 앎. 廉價(청렴 **염**, 값 **가**) 싼 값.
退	물러갈 퇴	ㄱ ㄱ ㅋ ㅌ ㅌ 艮 艮 退 退 退
		退色(물러갈 **퇴**, 빛 **색**) 색이 바램. 進退(나아갈 **진**, 물러갈 **퇴**) ①나아감과 물러섬. ②행동거지.

節義廉退: 절개, 의리, 청렴과 물러감(사양함)을 지켜야 한다.

顚	기울어질 전	` ⺊ ⺊ ⺊ 旨 旨 直 眞 眞 眞 顚 顚 顚 顚
		顚墜(기울어질 **전**, 떨어질 **추**) 추락함. 顚末(기울어질 **전**, 끝 **말**) 일의 처음부터 마지막까지의 경과.
沛	자빠질 패	` ` ⺡ ⺡ 氵 氵 沛
		沛然(자빠질 **패**, 그럴 **연**) 비가 쏟아지는 기세가 세찬 것.
匪	아닐 비	ˉ ㄷ ㄷ 匚 匪 匪 匪 匪 匪 匪
		①아니다. ②비적, 도적. ③폐백을 담던 상자.
虧	이지러질 휴	` ⺊ ⺊ 广 严 虍 虍 虐 雐 雐 雐 雐 虧
		虧損(이지러질 **휴**, 덜 **손**) 이지러져서 손상됨.

顚沛匪虧: 엎어지고 자빠져도 이지러지는 것은 아니다.

節義廉退

節義廉退 : 절개, 의리, 청렴과 물러감(사양함)을 지켜야 한다.

顚沛匪虧

顚沛匪虧 : 엎어지고 자빠져도 이지러지는 것은 아니다.

性 성품 성	ノ 亻 亻 忄 忄 忄 性 性
	性情(성품 성, 뜻 정) 성질과 심정. 또는 타고난 성질. 根性(뿌리 근, 성품 성) ①근본 성질. ②타고난 마음.
靜 고요할 정	一 十 主 青 青 青 靑 靜 靜 靜 靜 靜 靜
	靜淑(고요할 정, 맑을 숙) 고요하고 맑음. 平靜(평할 평, 고요할 정) 평안하고 고요함.
情 뜻 정	ノ 亻 亻 忄 忄 忄 忄 忄 情 情 情
	情勢(뜻 정, 형세 세) 일이 되어가는 형편. 表情(겉 표, 뜻 정) 얼굴에서 겉으로 드러나는 기분, 감정.
逸 편안할 일	ノ ク ケ 夕 名 名 多 免 兔 逸 逸 逸
	安逸(편안할 안, 편안할 일) 애쓰지 않고 편안함 만을 누리려 하는 것.

性靜情逸: 성품이 고요하면 마음이 언제나 편안하다.

心 마음 심	ノ 心 心 心
	心理(마음 심, 이치 리) 마음의 작용과 의식의 상태. 野心(들 야, 마음 심) 남 몰래 마음에 품은 소망.
動 움직일 동	一 二 千 千 千 育 育 重 重 動 動
	動物(움직일 동, 만물 물) 동물. 動議(움직일 동, 의논 의) 토의하기 위하여 의제를 냄.
神 귀신 신	一 二 千 亍 亓 祁 祁 神 神
	神經(귀신 신, 글 경) 마음이나 감각의 작용. 精神(가릴 정, 귀신 신) 마음이나 생각.
疲 가쁠 피	丶 亠 广 疒 疒 疒 疒 疲 疲
	疲困(가쁠 피, 곤할 곤) 몸과 마음이 지쳐서 고달픔. 疲弊(가쁠 피, 해어질 폐) 낡고 쇠약해짐.

心動神疲: 마음이 굳지 못하고 움직이면 정신도 피곤하다.

性靜情逸 : 성품이 고요하면 마음이 언제나 편안하다.

心動神疲 : 마음이 굳지 못하고 움직이면 정신도 피곤하다.

	지킬 수	`丶 丶 宀 宀 守 守`
守 眞 志 滿		守備(지킬 **수**, 갖출 **비**) 지키어 방비함. 守節(지킬 **수**, 마디 **절**) ①절의를 지키는 것. ②정절을 지키는 것.
	참 진	`一 匕 匕 乍 乍 自 旨 直 眞 眞`
		眞價(참 **진**, 값 **가**) 참된 가치. 眞理(참 **진**, 이치 **리**) 참된 이치.
	뜻 지	`一 十 士 吉 志 志 志`
		志士(뜻 **지**, 선비 **사**) 나라와 사회를 위해 높은 뜻을 품은 사람. 志願(뜻 **지**, 원할 **원**) 바라서 원하는 것.
	찰 만	`丶 丶 氵 氵 汁 洴 洴 滞 滞 滞 滿 滿 滿`
		滿發(찰 **만**, 필 **발**) (많은 꽃이) 한꺼번에 활짝 피는 것. 滿足(찰 **만**, 발 **족**) 마음에 모자란 느낌이 없음.

守眞志滿 : 사람의 도리를 지키면 그 뜻이 항상 기쁨으로 충만하다.

	쫓을 축	`一 丁 豕 豕 豕 豕 豕 豕 逐 逐`
逐 物 意 移		逐客(쫓을 **축**, 손 **객**) 손님을 쫓아버림.
	만물 물	`丿 亻 牛 牛 牜 物 物 物`
		物價(만물 **물**, 값 **가**) 물건의 값. 文物(글월 **문**, 만물 **물**) 세상에 있는 모든 것.
	뜻 의	`一 二 立 立 产 咅 咅 音 音 意 意`
		意見(뜻 **의**, 볼 **견**) 어떤 사물에 대하여 마음에 일어난 생각. 意思(뜻 **의**, 생각 **사**) 마음 먹은 생각.
	옮길 이	`一 二 千 千 禾 禾 秆 移 移 移 移`
		移植(옮길 **이**, 심을 **식**) 옮겨 심음. 移民(옮길 **이**, 백성 **민**) 다른 나라의 영토에 이주하는 것.

逐物意移 : 물건을 탐내어 욕심이 많으면 마음도 변한다.

守眞志滿

守眞志滿 : 사람의 도리를 지면 그뜻이 항상 기쁨으로 충만하다.

逐物意移

逐物意移 : 물건을 탐내어 욕심이 많으면 마음도 변한다.

堅	굳을 견	丨 厂 厂 戸 戸 臣 臣 臤 臤 堅 堅
		堅固(굳을 견, 굳을 고) 굳음. 튼튼함. 堅實(굳을 견, 열매 실) 믿음직스럽게 튼튼하고 착실함.
持	가질 지	一 十 才 才 扩 扩 挂 持 持
		指示(가리킬 지, 볼 시) 무엇을 하라고 일러서 시킴. 指定(가질 지, 정할 정) 분명히 그렇게 가리켜 정하는 것.
雅	맑을 아	一 亡 开 牙 牙 犴 犴 犴 雅 雅 雅
		象牙(코끼리 상, 맑을 아) 코끼리의 윗턱에 나서 밖으로 길게 뻗어나온 두개의 앞니.
操	지조 조	一 十 才 才 扩 扩 护 护 挥 挥 操 操 操
		操身(지조 조, 몸 신) 행동을 삼감. 志操(뜻 지, 잡을 조) 의지와 절조.

堅持雅操 : 변하지 않는 굳은 마음과 절개를 지키며 살아야 한다.

好	좋을 호	〈 乂 女 女 好 好
		好感(좋을 호, 느낄 감) 좋게 여기는 감정. 好奇心(좋을 호, 기이할 기, 마음 심) 호기심.
爵	벼슬 작	一 爫 爫 爫 뜨 쁘 쁘 쁘 쁘 쁘 爵 爵
		爵位(벼슬 작, 자리 위) 벼슬과 지위.
自	스스로 자	丿 亻 冂 白 白 自
		自立(스스로 자, 설 립) 남의 힘을 입지 않고 스스로 섬. 獨自(홀로 독, 스스로 자) 다른 것과 달리 그 자체가 특이함.
縻	얽을 미	丶 亠 广 广 广 广 广 庐 庐 麻 麻 磨 磨 縻
		①얽어매다. ②고삐. ③밧줄.

好爵自縻 : 벼슬을 얻어 천작을 극진히 하면 인작이 스스로 이르게 된다.

堅持雅操 : 변하지 않는 굳은 마음과 절개를 지키며 살아야 한다.

好爵子縻 : 벼슬을 얻어 천작을 극진히 하면 인작이 스스로 이르게 된다.

都	도읍 도	一 十 土 耂 耂 者 者 者' 都' 都
		都市(도읍 도, 살 시) 도시. 首都(머리 수, 도읍 도) 한 나라의 중앙정부가 있는 도시.
邑	고을 읍	丶 口 口 므 吕 吕 邑
		都邑(도읍 도, 고을 읍) ①서울. ②작은 도시.
華	빛날 화	一 十 卝 艹 艹 莁 莁 華 華
		華婚(빛날 화, 혼인할 혼) 혼인. 榮華(영화 영, 빛날 화) 귀하게 되어 몸이 세상에 드러남.
夏	여름 하	一 丅 丆 开 百 百 百 頁 夏 夏
		夏季(여름 하, 끝 계) 여름철. 夏服(여름 하, 옷 복) 여름 옷.

都邑華夏 : 도읍(都邑)은 한 나라의 서울을 말하고, 화하(華夏)는 당시의 중국을 말한다.

東	동녘 동	一 丆 丙 両 百 申 東 東
		東洋(동녘 동, 바다 양) 유라시아 대륙의 동부 지역. 極東(가운데 극, 동녘 동) 동양의 가장 동쪽에 위치한 지방.
西	서녘 서	一 丆 丙 丙 西 西
		西方(서녘 서, 모 방) ①서쪽. ②서유럽의 자유주의 국가. 西風(서녘 서, 바람 풍) 서쪽에서 부는 바람.
二	두 이	一 二
		二重(두 이, 무게 중) 두 겹.
京	서울 경	丶 亠 亠 亠 吉 亨 亨 京
		京鄕(서울 경, 시골 향) 서울과 시골. 上京(윗 상, 서울 경) 서울로 올라옴.

東西二京 : 동과 서에는 두 개의 서울이 있다. 즉, 동경은 낙양이고, 서경은 장안이다.

都邑華夏

都邑華夏：도읍(都邑)은 한 나라의 수도를 말하고, 화하(華夏)는 당시의 중국을 말한다.

東西二京

東西二京：동과 서에는 두 개의 서울이 있다. 즉, 동경은 낙양이고, 서경은 장안이다.

背	등 배	ノ ㅓ ㅕ ㅖ 㐅 北 肯 背 背
		背泳(등 **배**, 헤엄칠 **영**) 등헤엄. 背信(등 **배**, 믿을 **신**) 신의를 저버림.
邙	터 망	ㅤ ㅗ 亡 亡' 亡彡 邙
		산이름.
面	낯 면	一 ア ア 丙 而 而 面 面 面
		面目(얼굴 **면**, 눈 **목**) ①얼굴 생긴 모양. ②남을 대하는 체면. 面接(얼굴 **면**, 접할 **접**) 서로 대면하여 만나보는 것.
洛	낙수 락	ヽ ㆍ 氵 氵ノ 汐 汐 洛 洛
		洛花(낙수 **낙**, 꽃 **화**) 모란의 다른 이름. 洛水(낙수 **낙**, 물 **수**) 강의 이름.

背邙面洛 : 동경의 북쪽에는 북망산(北邙山)이 있고, 낙양의 남쪽에는 낙수(洛水)가 있다.

浮	뜰 부	ヽ ㆍ 氵 氵ㄱ 氵ㅍ 汐 浮 浮 浮
		浮沈(뜰 **부**, 잠길 **침**) 물에 떴다 잠겼다 함. 浮動(뜰 **부**, 움직일 **동**) 떠 움직임.
渭	위수 위	ヽ ㆍ 氵 氵 汈 汈 渭 渭 渭 渭
		위수. 강이름.
據	웅거할 거	一 ㅓ 扌 扌' 扌' 扩 扩 扩 扩 扻 據 據 據
		據點(웅거할 **거**, 검은점 **점**) 활동의 근거로 삼는 중요한 지점. 論據(논할 **논**, 웅거할 **거**) 논설이나 이론의 근거.
涇	경수 경	ヽ ㆍ 氵 氵ㆍ 氵ㅈ 汊 㳖 涇 涇
		涇渭(경수 **경**, 위수 **위**) 사리의 옳고 그름이나, 이러하고 저러함의 분간.

浮渭據涇 : 서경(西京)인 장안(長安)은 위수(渭水)가에 떠 있고, 경수(涇水)에 의지하여 자리를 잡았다.

背邙面洛 : 동경의 북쪽에는 북망산(北邙山)이 있고, 낙양의 남쪽에는 낙수(洛水)가 있다.

浮渭據涇 : 서경(西京)인 장안(長安)은 위수(渭水) 가에 떠 있고, 경수(涇水)에 의지하여 자리를 잡았다.

宮	집 궁	` ´ 宀 宀 宀 宀 宁 宁 宮 宮
		宮廷(집 **궁**, 조정 **정**) 대궐 안. 宮城(집 **궁**, 재 **성**) 궁궐을 둘러싼 성벽. 궁궐과 그 주위 전체.
殿	대궐 전	` ´ ⼫ ⼫ ⼫ 屁 屈 屏 屏 屏 殿 殿
		殿閣(대궐 **전**, 집 **각**) ①궁전. ②궁궐과 누각. 殿下(대궐 **전**, 아래 **하**) 왕·왕비 등 왕족을 높여서 부르는 말.
盤	서릴 반	` ´ 丿 丹 舟 舟 舟' 舡 船 船 般 盤 盤
		盤石(서릴 **반**, 돌 **석**) 너럭바위. 盤結(서릴 **반**, 맺을 **결**) 서려서 얽힘.
鬱	울창할 울	十 木 朴 朴 林十 林木 鬱 鬱 鬱 鬱 鬱 鬱 鬱
		鬱蒼(울창할 **울**, 푸를 **창**) 큰 나무들이 빽빽하게 들어서 우거진 모양이 푸르다. 울울창창의 준말.

宮殿盤鬱 : 2경의 궁전들은 나무 사이에 서린 듯이 정하였다.

樓	다락 루	一 十 才 才 木 朳 桙 桙 桙 柙 楎 樓 樓 樓
		樓閣(다락 **누**, 누각 **각**) 사방이 트이게 지은 집. 樓臺(다락 **누**, 집 **대**) 높은 건물.
觀	볼 관	` ´´ 䒑 品 艹 華 藋 藋 雚 雚 雚 觀 觀 觀
		觀光(볼 **관**, 빛 **광**) 다른 지방이나 나라의 풍경과 문물을 구경하는 것.
飛	날 비	㇈ ㇈ 飞 飞 飛 飛 飛 飛 飛
		飛火(날 **비**, 불 **화**) 뛰어 박히는 불똥. 飛禽(날 **비**, 새 **금**) 날짐승.
驚	놀랄 경	` ´´ 艹 苟 苟 苟ヶ 苟攵 敬 敬 警 警 驚 驚 驚
		驚異(놀랄 **경**, 다를 **이**) 놀랍고 이상스러움. 驚氣(놀랄 **경**, 기운 **기**) 어린아이가 경련을 일으키는 병의 총칭.

樓觀飛驚 : 궁전의 망루는 하늘을 나는 듯 높이 솟아, 보는 이들을 놀라게 한다.

宮殿盤鬱

宮殿盤鬱 : 2경의 궁전들은 나무 사이에 서린 듯이 정하였다.

樓觀飛驚

樓觀飛驚 : 궁전의 망루는 하늘을 나는 듯 높이 솟아, 보는 이들을 놀라게 한다.

圖寫禽獸

圖	그림 도	丨 冂 冂 冏 冏 冏 周 周 周 周 圖 圖 圖 圖 圖書(그림 **도**, 글 **서**) ①글씨, 그림, 책 등을 일컫는 말. ②책. 圖示(그림 **도**, 볼 **시**) 그림으로 그리어 보임.
寫	베낄 사	丶 丶 宀 宀 宀 宀 宀 宀 宁 寫 寫 寫 寫 寫本(베낄 **사**, 근본 **본**) 원본을 그대로 베껴 쓴 것. 寫實(베낄 **사**, 열매 **실**) 있는 그대로 그려냄.
禽	새 금	丿 人 人 亽 今 仐 仐 禽 禽 禽 禽 禽 禽獸(새 **금**, 짐승 **수**) 날짐승과 길짐승. 禽旅(새 **금**, 나그네 **려**) 많은 새와 짐승.
獸	짐승 수	口 吅 吅 吅 吅 留 㽞 單 單 單 單 獸 獸 獸 獸醫(짐승 **수**, 의원 **의**) 가축을 맡아 보는 의사. 수의사의 준말. 怪獸(괴이할 **괴**, 짐승 **수**) 괴상하게 생긴 짐승.

圖寫禽獸 : 궁전 안에는 새와 짐승의 그림을 실물과 같이 그려 장식하였다.

畫綵仙靈

畫	그림 화	一 二 三 聿 聿 聿 聿 畫 畫 畫 畫 畫 畫 畫家(그림 **화**, 집 **가**) 그림 그리는 것을 업으로 삼는 사람. 畫風(그림 **화**, 바람 **풍**) 그림을 그리는 취향과 방식.
綵	채색 채	丶 纟 纟 幺 糸 糸 糸 糹 糹 綵 綵 綵 綵 綵 綵緞(채색 **채**, 비단 **단**) 비단의 총칭.
仙	신선 선	丿 亻 亻 仙 仙 仙女(신선 **선**, 계집 **녀**) 여자 신선. 詩仙(시전 **시**, 신선 **선**) 시를 짓는 데만 몰두한 시인.
靈	신령 령	一 宀 宀 雨 雨 雨 雪 霊 霊 霊 霊 靈 靈 靈 靈魂(신령 **영**, 혼 **혼**) 영혼. 靈驗(신령 **영**, 증험할 **험**) 사람의 기원에 대한 신불의 영묘한 감응.

畫綵仙靈 : 신선과 신령들의 그림도 그려져 있다.

圖寫禽獸 : 궁전 안에는 새와 짐승의 그림을 실물과 같이 그려 장식하였다.

畵綵仙靈 : 신선과 신령들의 그림도 그려져 있다.

丙舍傍啓

남녘 **병**	一 丆 丙 丙 丙 丙科(남녘 **병**, 과거 **과**) 과거의 문과 급제자 성적의 셋째 등급.
집 **사**	ノ 人 스 슈 슈 슈 舍 舍 舍宅(집 **사**, 집 **택**) 기업체나 기관에서 근무하는 직원을 위하여 그 기업체나 기관에서 지은 집.
곁 **방**	ノ 亻 亻 亻 伫 伫 伫 倍 倍 傍 傍 傍觀(곁 **방**, 볼 **관**) 곁에서 봄. 傍系(곁 **방**, 맬 **계**) 직계에서 갈려 나온 계통.
열 **계**	` 丨 ㅏ ㅏ ㅏ 妒 妒 妒 妒 啓 啓 啓蒙(열 **계**, 어릴 **몽**) 어린 사람을 깨우쳐 줌. 啓示(열 **계**, 볼 **시**) 신의 가르침.

丙舍傍啓 : 궁중에는 갑사(甲舍), 병사(丙舍), 을사(乙舍)의 화려한 별채가 있었는데, 병사는 임금이 계신 정전(正殿) 곁에 항상 개방되어 있었다.

甲帳對楹

갑옷 **갑**	丨 冂 日 日 甲 甲富(갑옷 **갑**, 부자 **부**) 첫째 가는 부자. 回甲(돌아올 **회**, 첫째천간 **갑**) 육십갑자의 갑으로 되돌아 옴. 환갑.
장막 **장**	丨 冂 巾 巾' 巾厂 帄 帄 帳 帳 帳 帳 帳幕(장막 **장**, 휘장 **막**) 볕, 빛 등을 가리기 위해 둘러치는 물건.
대답 **대**	丨 丨' 业 业 业 业 业 业 业 业 對 對 對應(대답 **대**, 응할 **응**) ①마주 대함. ②상대방에 응해 일을 함. 對話(대답 **대**, 이야기 **화**) 마주 대하여 이야기 하는 것.
기둥 **영**	一 十 † † 木 木' 朽 朽 桁 桁 楹 楹 楹 丹楹(붉을 **단**, 기둥 **영**) 붉게 칠한 기둥.

甲帳對楹 : 신을 섬기는 사당에 친 갑장(甲帳)이라는 휘장은 둥글고 큰 기둥에 맞서 늘어져 있다.

丙舍傍啓: 궁중에는 갑사(甲舍), 병사(丙舍), 을사(乙舍)의 화려한 별채가 있었는데, 병사는 임금이 계신 정전(正殿) 곁에 항상 개방되어 있었다.

甲帳對楹: 신을 섬기는 사당에 친 갑장(甲帳)이라는 휘장은 둥글고 큰 기둥에 맞서 늘어져 있다.

肆	베풀 사	丨 亍 亍 丆 토 툐 툐 튣 튣 튣 튣 肆
		酒肆(술 **주**, 베풀 **사**) 술을 파는 집. 주루(酒樓).
筵	자리 연	ノ ト ヶ ゲ ゲ ゲ ゲ ゲ ゲ 竺 筵 筵
		筵席(자리 **연**, 자리 **석**) 임금과 신하가 모여 어떤 문제에 관하여 의견을 나누던 자리.
設	베풀 설	ˋ ニ 言 言 言 言 設 言 訳 訳 設 設
		設敎(베풀 **설**, 가르칠 **교**) 종교의 교리를 설명하는 것. 設立(베풀 **설**, 세울 **립**) 새로 만들어 세움.
席	자리 석	ˋ 亠 广 广 广 庐 庐 庐 庐 席 席
		席次(자리 **석**, 버금 **차**) ①자리의 차례. ②성적의 차례. 座席(자리 **좌**, 자리 **석**) ①앉는 자리. ②여러 사람이 모인 자리.

肆筵設席 : 자리를 펴고 돗자리를 깔아 연회를 베풀었다.

鼓	북 고	一 十 土 耂 吉 吉 吉 吉 壴 壴 鼓 鼓 鼓
		鼓吹(북 **고**, 불 **취**) 북을 치고 피리를 붊. 鼓動(북 **고**, 움직일 **동**) 심장의 뜀.
瑟	비파 슬	一 T 于 王 王 玌 玤 玨 珡 琹 瑟 瑟 瑟
		鼓瑟(북 **고**, 비파 **슬**) 북과 비파.
吹	불 취	丨 口 口 미 吖 吩 吹
		吹奏(불 **취**, 아뢸 **주**) 관악기를 불어서 연주하는 것. 妙吹(묘할 **묘**, 불 **취**) 미묘한 재미나 흥취.
笙	생황 생	ノ ト ヶ ゲ ゲ ゲ ゲ 竺 竺 笙 笙
		笙篁(생황 **생**, 대숲 **황**) 아악(雅樂)에 쓰이는 관악기의 하나.

鼓瑟吹笙 : 북치고 비파를 뜯고 생황을 불어 잔치의 흥을 돋군다.

肆筵設席 : 자리를 펴고 돗자리를 깔아 연회를 베풀었다.

鼓瑟吹笙 : 북치고 비파를 뜯고 생황을 불어 잔치의 흥을 돋군다.

陞	오를 승	｀ ｊ ｆ ｆ- ｆ- ｆㅜ ｆ卄 ｆ止 ｆ坓 陞
		陞級(오를 **승**, 등급 **급**) 등급이 오름. 승급(昇級).
階	뜰 계	｀ ｊ ｆ ｆ- ｆ- ｆ- ｆ比 ｆ比 ｆ比 階 階 階
		階段(뜰 **계**, 층계 **단**) 오르내리기 위한 층층대. 階級(뜰 **계**, 등급 **급**) 지위, 신분의 고하.
納	바칠 납	｀ ｚ ｚ ｓ ｓ 糸 糸 紅 納 納
		納稅(바칠 **납**, 부세 **세**) 세금을 내는 것. 上納(웃 **상**, 바칠 **납**) 윗사람에게 금품을 바치는 것.
陛	섬돌 폐	｀ ｊ ｆ ｆ- ｆ比 ｆ比 ｆ比 ｆ比 陛
		陛下(섬돌 **폐**, 아래 **하**) 황제나 황후에 대한 경칭.

陞階納陛 : 계단을 올라서 임금께 물건을 바치었다.

弁	고깔 변	｀ ｍ ｓ 矢 弁
		고깔. 관.
轉	구를 전	｀ ｆ 冂 日 旦 車 車 車 軒 軒 軒 轉 轉
		回轉(돌아올 **회**, 구를 **전**) 둥글게 돌다. 한 바퀴 돎. 移轉(옮길 **이**, 구를 **전**) 장소, 주소 등을 다른 데로 옮기는 것.
疑	의심할 의	｀ ヒ ｆ ヒ 눈 镸 矣 奚 奚 弞 弞 疑 疑
		疑心(의심할 **의**, 마음 **심**) 이상히 여기는 마음. 疑惑(의심할 **의**, 미혹할 **혹**) 의심하여 분간하지 못함.
星	별 성	｀ ｍ 日 日 尸 昆 早 星 星
		星座(별 **성**, 앉을 **좌**) 별자리. 將星(장수 **장**, 별 **성**) 군대의 장군 계급.

弁轉疑星 : 대신들의 관(冠)에 보석을 장식하였는데, 이 보석이 구르는 것 같아 마치 하늘의 별 같았다.

陞階納陛 : 계단을 올라서 임금께 물건을 바치었다.

弁轉疑星 : 대신들의 관(冠)에 보석을 장식하였는데, 이 보석이 구르는 것 같아 마치 하늘의 별 같았다.

右	오른 우	一 ナ ナ 右 右
		右方(오른 **우**, 모 **방**) 오른쪽. 左右(왼 **좌**, 오른 **우**) 왼쪽과 오른쪽.
通	통할 통	丶 マ フ 甬 甬 甬 涌 涌 通 通
		通達(통할 **통**, 사무칠 **달**) ①막힘 없이 환히 통함. ②훤히 앎. 共通(함께 **공**, 통할 **통**) 둘 또는 그 이상에서 두루 통하는 것.
廣	넓을 광	丶 亠 广 广 产 产 产 序 序 庐 唐 廣 廣 廣
		廣野(넓을 **광**, 들 **야**) 넓은 들. 廣場(넓을 **광**, 마당 **장**) 장애물이 없어서 넓게 트인 곳.
內	안 내	丨 冂 內 內
		內科(안 **내**, 조목 **과**) 몸 안 기관에 생긴 병을 돌보는 의술. 內包(안 **내**, 쌀 **포**) 속에 포함하는 것.

右通廣內: 궁전의 오른쪽은 광내전(廣內殿)으로 통하게 되었는데, 이곳은 책을 취급하는 지금의 국립도서관이다.

左	왼 좌	一 ナ ナ 左 左
		左便(왼 **좌**, 편할 **편**) 왼쪽. 左相(왼 **좌**, 형상 **상**) 좌의정.
達	통달할 달	一 十 土 士 幸 幸 幸 幸 幸 逹 達 達
		達觀(통달할 **달**, 볼 **관**) 세속을 벗어난 높은 격식. 達成(통달할 **달**, 이룰 **성**) 목표에 도달하여 이룩함.
承	이을 승	丁 了 了 丞 丞 承 承
		承服(이을 **승**, 옷 **복**) 납득하여 따름. 繼承(이을 **계**, 이을 **승**) 이어받는 것.
明	밝을 명	丨 冂 日 日 日) 明 明 明
		明暗(밝을 **명**, 어두울 **암**) 밝음과 어두움. 明白(밝을 **명**, 흰 **백**) 아주 뚜렷함.

左達承明: 왼쪽은 승명려(承明廬)라는 곳에 이르게 되는데 이곳은 대신들의 쉬는 장소이다.

右通廣內

右通廣內 : 궁전의 오른쪽은 광내전(廣內殿)으로 통하게 되었는데, 이곳은 책을 취급하는 지금의 국립도서관이다.

左達承明

左達承明 : 왼쪽은 승명려(承明廬)라는 곳에 이르게 되는데 이곳은 대신들의 쉬는 장소이다.

旣集墳典

	이미 기	` ´ ´ 冫 白 白 白 皀 皀 皀 旣 旣
		旣婚(이미 **기**, 혼인할 **혼**) 이미 결혼함. 旣成(이미 **기**, 이룰 **성**) 이미 이루어졌음.
	모을 집	´ ´ ´ ´ ´ ´ ´ 伒 作 作 隹 隹 集 集
		集散(모을 **집**, 흩을 **산**) 모여듦과 흩어짐. 集約(모을 **집**, 맺을 **약**) 한데 모아서 요약함.
	무덤 분	一 十 土 圹 圹 圹 圹 圹 圹 圹 圹 坆 塔 墳 墳
		墳墓(무덤 **분**, 무덤 **묘**) 무덤. 封墳(봉할 **봉**, 무덤 **분**) 흙을 둥글게 쌓아올려서 만든 무덤.
	법 전	` 冂 冂 曲 曲 曲 典 典
		典雅(법 **전**, 아담할 **아**) 법도에 맞아 아담함. 典當(법 **전**, 마땅 **당**) 담보로 어떤 물건을 맡기는 일.

旣集墳典 : 광내전에 이미 많은 책을 모았다. 분전(墳典)이란 3분5전(三墳五典)으로, 중국의 성군들인 삼황오제(三皇五帝)의 경전을 말한다.

亦聚群英

	또 역	` ´ ㅗ ㅓ 亣 亣 亦
		亦如(또 **역**, 같을 **여**) 또한 같음. 亦是(또 **역**, 이 **시**) 또한.
	모일 취	一 丆 丆 F 王 耳 耴 取 取 取 聚 聚 聚 聚
		聚落(모일 **취**, 떨어질 **락**) 인간이 공동생활을 하는 주거의 집단.
	무리 군	ㄱ ㄱ ㅋ 尹 尹 君 君 君 君 群 群 群 群
		群衆(무리 **군**, 무리 **중**) 광범한 대중. 群居(무리 **군**, 거할 **거**) 모여 삶.
	꽃부리 영	一 十 艹 艹 艹 苂 苂 莁 英
		英雄(꽃부리 **영**, 수컷 **웅**) 재능과 지혜가 뛰어난 사람. 英斷(꽃부리 **영**, 끊을 **단**) 명철하고 용기있는 결단.

亦聚群英 : 또한 여러 영웅들도 모아 능력에 맞게 등용했다.

既集墳典

既集墳典 : 광내전에 이미 많은 책을 모았다. 분전(墳典)이란 3분5전(三墳五典)으로, 중국의 성군들인 삼황오제(三皇五帝)의 경전을 말한다.

亦聚群英

亦聚群英 : 또한 여러 영웅들도 모아 능력에 맞게 등용했다.

杜	막을 두	一 十 十 才 机 朴 杜
		杜門不出(막을 **두**, 문 **문**, 아닐 **불**, 날 **출**) 집에만 박혀있어 세상 밖에 나오지 않음.
藁	짚 고	一 卄 艹 芍 苎 芦 芦 菒 菒 菒 蒿 蒿 藁 藁 藁
		席藁待罪(자리 **석**, 짚 **고**, 기다릴 **대**, 허물 **죄**) 거적을 깔고 엎드려 처벌을 기다림.
鍾	쇠북 종	丿 𠂉 𠂉 𠂉 𠂉 𠂉 金 金 鈩 鈩 鈩 鋿 鍾 鍾
		打鍾(때릴 **타**, 쇠북 **종**) 종을 치는 일. 自鳴鍾(스스로 **자**, 울 **명**, 쇠북 **종**) 자명종. 시계.
隸	글씨 예	一 + 土 圥 幸 柰 柰 䚻 䚻 䚻 隶 隷 隸
		隸書(글씨 **예**, 글 **서**) 한자 서체의 하나. 진나라 때에 전서의 복잡한 것을 생략하여 만든 것임.

杜藁鍾隸 : 후한의 두백도(杜柏度)라는 사람은 초서(草書)에, 위나라의 종요(鍾繇)는 예서(隸書)에 가장 뛰어난 명필이었다.

漆	옻칠 **칠**	丶 丶 氵 氵 汁 汁 浐 浐 洓 漆 漆 漆 漆
		漆器(옻 **칠**, 그릇 **기**) 옻칠을 한 그릇.
書	글 서	𠃍 𠃍 彐 彑 圭 聿 聿 書 書 書
		書堂(글 **서**, 집 **당**) 글을 가르치는 집. 書店(글 **서**, 가게 **점**) 책을 팔거나 사는 가게.
壁	벽 벽	丶 丶 尸 𡰪 𡰪 𡰪 辟 辟 辟 辟 壁 壁 壁
		壁報(벽 **벽**, 갚을 **보**) 내용을 알리기 위해 벽에 붙이는 게시물. 壁畵(벽 **벽**, 그림 **화**) 벽에 그린 그림.
經	글 경	丿 幺 幺 幺 糸 糸 紅 紅 經 經 經 經 經
		經歷(글 **경**, 지날 **력**) 겪어 온 여러가지 일들. 經由(글 **경**, 말미암을 **유**) 거쳐 지나가는 것.

漆書壁經 : 공왕(共王) 시대에 공자(孔子)의 집 벽에서 발견된 논어(論語)와 효경(孝經)은 옻으로 써진 글씨였다.

杜藁鍾隷 : 후한의 두백도(杜柏度)라는 사람은 초서(草書)에, 위나라의 종요(鍾繇)는 예서(隷書)에 가장 뛰어난 명필이었다.

漆書壁經 : 공왕(共王) 시대에 공자(孔子)의 집 벽에서 발견된 논어(論語)와 효경(孝經)은 옻으로 써진 글씨였다.

府	마을 부	丶 亠 广 广 广 庐 府 府
		府使(마을 **부**, 사신 **사**) '府'의 으뜸 벼슬. 政府(정사 **정**, 마을 **부**) 입법, 사법, 행정을 맡은 국가기관의 총칭.
羅	벌릴 라	丶 冖 罒 罒 罒 罒 罒 罒 罩 羅 羅 羅
		羅列(벌릴 **나**, 줄 **열**) 죽 벌여 놓음. 網羅(그물 **망**, 벌릴 **라**) 널리 휘몰아 넣어 포함시키는 것.
將	장수 장	丨 丬 丬 丬 护 护 护 护 將 將
		將卒(장수 **장**, 군사 **졸**) 장수와 졸병. 將來(장수 **장**, 올 **래**) 앞날.
相	서로 상	一 十 才 木 机 机 相 相 相
		相關(서로 **상**, 빗장 **관**) 서로 관련을 가지는 것. 相逢(서로 **상**, 만날 **봉**) 만남.

府羅將相 : 한 나라의 관청 사무를 처리하는 부(府)에서는, 장수와 정승이 늘어서 임금을 알현한다.

路	길 로	丶 口 口 卩 묘 묘 趴 趵 跂 跂 路 路
		路線(길 **노**, 실 **선**) 일정한 목표를 향하여 나아가는 길. 進路(나아갈 **진**, 길 **로**) 앞으로 나가는 길.
俠	낄 협	丿 亻 仁 仁 仁 仁 俠 俠 俠
		俠客(낄 **협**, 손 **객**) 호협한 기상을 지닌 사람. 義俠(옳을 **의**, 낄 **협**) 정의를 위하여 강자를 누르고 약자를 도움.
槐	회화나무 괴	一 十 才 木 木 木 杧 杧 栖 栖 柢 槐 槐 槐
		①회화나무. 콩과에 속하는 낙엽관목. 홰나무. ②삼공(三公)의 자리.
卿	벼슬 경	丶 匚 戶 戶 戶 卯 卯 卯 卯 卿 卿
		公卿(귀 **공**, 벼슬 **경**) ①삼공(三公)과 구경(九卿). ②고관(高官)의 총칭.

路俠槐卿 : 대신들의 집이 큰 길을 끼고 늘어서 있다. (옛날 주나라에서는 세 그루의 홰나무를 심어 3공(三公)의 좌석 표시로 삼았다.)

府羅將相

府羅將相 : 한 나라의 관청 사무를 처리하는 부(府)에서는, 장수와 정승이 늘어서 임금을 알현한다.

路俠槐卿

路俠槐卿 : 대신들의 집이 큰 길을 끼고 늘어서 있다. (옛날 주나라에서는 세 그루의 홰나무를 심어 3공(三公)의 좌석 표시로 삼았다.)

戶	문 호	´ ⌐ 厂 戶 戶
		戶數(문 호, 셈 수) ①집의 수효. ②호적상의 가호(家戶)의 수. 戶主(문 호, 주인 주) 한 집안의 주장이 되는 사람.
封	봉할 봉	一 十 土 土 圭 圭 圭 封 封
		封鎖(봉할 봉, 사슬 쇄) 외부와 내왕 못하게 막음. 封印(봉할 봉, 도장 인) 봉한 자리에 도장을 찍음.
八	여덟 팔	ノ 八
		八景(여덟 팔, 구경 경) 경치가 좋은 여덟 곳. 八字(여덟 팔, 글자 자) 사람의 한 평생의 운수.
縣	고을 현	l 冂 冂 月 目 且 甲 県 県 県 県 県 県 縣
		縣監(고을 현, 볼 감) 조선 때의 '縣'의 장관. 縣治(고을 현, 다스릴 치) 현의 행정.

戶封八縣 : 공신들에게 8현(縣)에서 나는 조세로 수입을 삼아 생활하게 했다.

家	집 가	´ ⺜ 宀 宀 宁 宇 穷 家 家 家
		家計(집 가, 셀 계) 살림을 꾸려나가는 수입과 지출의 상태. 家長(집 가, 긴 장) ①집안의 어른. ②남편의 지칭.
給	줄 급	´ ㄠ ㄠ 幺 糸 糸 糸 糸 糸 給 給 給
		給與(줄 급, 더불 여) 물품을 줌. 또는 그 물건. 自給(스스로 자, 줄 급) 자기에게 필요한 것을 스스로 마련하는 것.
千	일천 천	´ 二 千
		千萬(일천 천, 일만 만) ①만의 천배. 썩 많은 수. ②매우 많음. 千歲(일천 천, 해 세) 천년이나 되는 긴 세월.
兵	군사 병	´ ´ ⺀ 斤 丘 兵 兵
		兵士(군사 병, 선비 사) ①군사. ②사병. 兵法(군사 병, 법 법) 군사를 지휘하여 전투를 행하는 방법.

家給千兵 : 나라를 위하여 공을 많이 세운 신하에게는 천 명의 병사를 주어 그 명령에 복종케 했다.

戶封八縣

戶封八縣 : 공신들에게 8현(縣)에서 나는 조세로 수입을 삼아 생활하게 했다.

家給千兵

家給千兵 : 나라를 위하여 공을 많이 세운 신하에게는 천 명의 병사를 주어 그 명령에 복종케 했다.

高	높을 고	丶 亠 亠 古 古 古 高 高 高 高
		高價(높을 **고**, 값 **가**) 값이 비싼 것. 高見(높을 **고**, 볼 **견**) 남의 의견의 존칭.
冠	갓 관	丶 冖 冖 冖 冖 冗 冗 冠 冠
		王冠(임금 **왕**, 갓 **관**) 임금이 머리에 쓰는 관.
陪	모실 배	丶 ３ 阝 阝 阝 陪 陪 陪 陪 陪 陪
		陪席(모실 **배**, 자리 **석**) 웃어른을 모시고 자리를 같이 하는 것.
輦	손수레 련	一 二 夫 夫 夫 夫 夫 夫 替 替 替 輦 輦
		①사람이 끄는 수레. ②임금이나 왕후가 타는 수레.

高冠陪輦 : 임금님이 행차할 때에는 높은 관을 쓴 대신들이 임금님이 타는 수레를 따르며 예의를 갖추어 모시었다.

驅	몰 구	丨 厂 厂 馬 馬 馬 馬 馬 駆 駆 駆 驅 驅 驅
		驅迫(몰 **구**, 핍박할 **박**) 못 견디게 굴어 박대함. 驅步(몰 **구**, 걸음 **보**) 달음박질로 가는 일.
轂	바퀴 곡	一 十 士 土 声 吉 壹 壹 轂 轂 轂 轂
		수레바퀴
振	떨칠 진	一 十 扌 扌 扩 护 扩 振 振 振
		振幅(떨칠 **진**, 폭 **폭**) 물체가 흔들리는 폭. 振動(떨칠 **진**, 움직일 **동**) 흔들리어 움직임.
纓	끈 영	丶 幺 幺 糸 糸 糸 紛 紛 紛 紛 紛 纓 纓
		冠纓(갓 **관**, 끈 **영**) 관(冠)의 끈.

驅轂振纓 : 바퀴 소리에 뒤따르는 대신들의 머리의 갓끈마저 흔들려 위엄을 더해 주었다.

高冠陪輦 : 임금님이 행차할 때에는 높은 관을 쓴 대신들이 임금님이 타는 수레를 따르며 예의를 갖추어 모시었다.

驅轂振纓 : 바퀴 소리에 뒤따르는 대신들의 머리의 갓끈마저 흔들려 위엄을 더해 주었다.

世祿侈富	인간 세	一 十 卅 丗 世
		世界(인간 세, 지경 계) 인간이 살고 있는 지구. 世波(인간 세, 물결 파) 모질고 거센 세상의 풍파.
	녹 록	一 二 千 千 禾 禾 秆 秆 秆 秹 秹 祿 祿
		祿俸(녹 녹, 녹 봉) 벼슬아치에게 봉급으로 주던 것의 총칭. 國祿(나라 국, 녹 록) 나라에서 주는 봉록.
	사치할 치	ノ 亻 亻 亻 仈 仈 侈 侈
		奢侈(사치할 사, 사치할 치) 필요 이상의 돈이나 물건을 쓰거나 분수에 지나친 생활을 하는 것.
	부자 부	丶 丷 宀 宀 宀 宁 宕 宕 宫 富 富
		富貴(부자 부, 귀할 귀) 재산이 많고 지위가 높은 것. 巨富(클 거, 부자 부) 썩 큰 부자.

世祿侈富 : 충성스럽고 공이 많은 신하에게는 자자손손이 생활하는 데 부족함이 없도록 세록(世祿)이라는 세습의 국록을 내려 예우하였다.

車駕肥輕	수레 거	一 厂 厂 厂 百 亘 車
		車馬(수레 거, 말 마) ①수레와 말. ②사람의 왕래.
	멍에 가	𠃌 力 加 加 加 加 架 架 駕 駕 駕 駕 駕
		①멍에. 수레에 말을 메움. ②탈것. ③임금의 수레. ④타다. 탈것에 오름. ⑤능가하다.
	살찔 비	) 刀 月 月 肥 肥 肥 肥
		肥滿(살찔 비, 찰 만) 살이 쪄서 몸이 뚱뚱한 것. 肥大(살찔 비, 큰 대) 살이 쪄서 몸이 크다.
	가벼울 경	一 厂 厂 厂 百 亘 車 車 車 輕 輕 輕 輕 輕
		輕視(가벼울 경, 볼 시) 가볍게 보는 것. 輕減(가벼울 경, 덜 감) 덜어서 가볍게 하는 것.

車駕肥輕 : 공신(功臣)들의 수레를 거가(車駕)라 했는데, 이 수레를 끄는 말은 살이 찌고 힘이 세어 아무리 무거운 물건도 가볍게 끌 수 있었다.

世祿侈富 : 충성스럽고 공이 많은 신하에게는 자자손손이 생활하는데 부족함이 없도록 세록(世祿)이라는 세습의 국록을 내려 예우하였다.

車駕肥輕 : 공신(功臣)들의 수레를 거가(車駕)라 했는데, 이 수레를 끄는 말은 살이 찌고 힘이 세어 아무리 무거운 물건도 가볍게 끌 수 있었다.

策功茂實

꾀 책

丶 丿 ⺊ ⺮ ⺮ ⺮ ⺮ 笁 箄 第 策

策略(꾀 **책**, 간략할 **략**) 어떤 일을 처리하는 꾀와 방법.
對策(대할 **대**, 꾀 **책**) 어떤 일에 대처할 방책.

공 공

一 丁 工 巧 功

功過(공 **공**, 지날 **과**) 공로와 죄악.
功勞(공 **공**, 수고로울 **로**) 어떤 일에 힘쓴 노력이나 수고.

무성할 무

一 ⺊ ⺊ ⺿ ⺿ 艹 艹 茂 茂

茂盛(무성할 **무**, 성할 **성**) 번성함.
茂林(무성할 **무**, 수풀 **림**) 나무가 우거진 숲.

열매 실

丶 丶 宀 宀 宀 宀 宑 宑 宨 宨 寊 實 實

實習(열매 **실**, 익힐 **습**) 실지 작업으로써 기술을 익히는 것.
實話(열매 **실**, 이야기 **화**) 실제로 있는 사실의 이야기.

策功茂實 : 태평성대를 누리게 한 공신에게는 그 공을 기려 부귀를 누리게 하니, 많은 신하들도 이를 본받아 공을 많이 세웠다.

勒碑刻銘

굴레 륵

一 ⺊ ⺾ ⺾ ⺾ 芇 苩 苩 革 靪 勒

①굴레. 재갈. ②억누르다. ③억지로 하다. ④새기다.

비석 비

一 ㇒ ㇒ 石 石 石 矴 砷 砷 砷 碑 碑

碑銘(비석 **비**, 새길 **명**) 비석에 씌어 있는 글.
碑閣(비석 **비**, 집 **각**) 안에 비를 세워놓은 집.

새길 각

一 ⺁ 亠 亥 亥 亥 刻 刻

刻印(새길 **각**, 도장 **인**) 도장을 새김.
刻薄(새길 **각**, 얇을 **박**) 세상 인심이 얇고 인색함.

새길 명

丿 ㇒ 人 𠆢 𠂉 金 金 金 鈩 鈩 鈩 銘 銘

銘心(새길 **명**, 마음 **심**) 잊지 않도록 마음에 깊이 새겨 두는 일.

勒碑刻銘 : 공신이 죽으면 임금께서는 그의 공을 기려 비(碑)에 공적을 새기고 길이길이 칭송하여 주었다.

策功茂實 : 태평성대를 누리게 한 공신에게는 그 공을 기려 부귀를 누리게 하니, 많은 신하들도 이를 본받아 공을 많이 세웠다.

勒碑刻銘 : 공신이 죽으면 임금께서는 그의 공을 기려 비(碑)에 공적을 새기고 길이길이 칭송하여 주었다.

磻	돌 반	강 이름.
溪	시내 계	溪川(시내 계, 내 천) 시내와 내. 溪谷(시내 계, 골 곡) 물이 흐르는 골짜기.
伊	저 이	①저. 이. 그.(대명사) ②이탈리아의 약칭. 이태리(伊太利).
尹	다스릴 윤	①다스리다. 바로잡다. ②벼슬 이름. 행정관청의 장.

磻溪伊尹 : 주나라 문왕(文王)은 강태공을 반계(磻溪)에서 맞이했고, 은나라 탕왕(湯王)은 이윤(伊尹)을 맞아 천하를 다스렸다.

佐	도울 좌	補佐(기울 보, 도울 좌) 상관을 도와 일을 처리하는 것.
時	때 시	時間(때 시, 사이 간) ①시각과 시각과의 사이. ②시각. 時效(때 시, 본받을 효) 취득시키거나 소멸시키는 법률적인 기간.
阿	언덕 아	阿附(언덕 아, 붙을 부) 남의 비위를 맞추고 알랑거리는 것.
衡	저울대 형	衡平(저울대 형, 평할 평) 균형이 잡혀 있는 일.

佐時阿衡 : 은나라 재상 이윤은 하나라의 폭군 걸왕(桀王)을 멸해 세상을 평정하고 선정을 베푸니, 탕왕이 그를 기려 아형(阿衡)이라 칭했다.

磻溪伊尹

磻溪伊尹 : 주나라 문왕(文王)은 강태공을 반계(磻溪)에서 맞이했고, 은나라 탕왕(湯王)은 이윤(伊尹)을 맞아 천하를 다스렸다.

佐時阿衡

佐時阿衡 : 은나라 재상 이윤은 하나라의 폭군 걸왕(桀王)을 멸해 세상을 평정하고 선정을 베푸니, 탕왕이 그를 기려 아형(阿衡)이라 칭했다.

奄宅曲阜

오랠 엄	一 ナ 大 大 卒 夽 夽 奄
	①가리다. 덮음. ②갑자기. 별안간.
집 택	丶 宀 宀 宅 宅
	宅地(집 **택**, 땅 **지**) 집터. 住宅(머무를 **주**, 집 **택**) 사람이 머무를 수 있도록 지은 집.
굽을 곡	丨 冂 冂 曲 曲 曲
	曲線(굽을 **곡**, 실 **선**) 모나지 않고 연속적으로 굽은 선. 曲藝(굽을 **곡**, 재주 **예**) 보는 사람을 아슬아슬하게 하는 재주.
언덕 부	丶 亻 亻 ㅏ ㅏ 白 皀 阜
	①언덕. 대륙. ②크다. ③번성하다. ④두텁다.

奄宅曲阜 : 주공(周公)은 어려서 임금이 된 성왕을 오랫동안 보필하였고, 이를 고맙게 여긴 성왕은 곡부(曲阜)에 큰 집을 하사하였다.

微旦孰營

작을 미	丶 ㅋ 彳 彳 彳 彳 彳 祙 祙 徵 徵 微 微
	微妙(작을 **미**, 묘할 **묘**) 야릇하게 묘함. 微細(작을 **미**, 가늘 **세**) 아주 작고 세밀함.
아침 단	丨 冂 日 日 旦
	旦夕(아침 **단**, 저녁 **석**) 아침과 저녁. 元旦(으뜸 **원**, 아침 **단**) 설날 아침.
누구 숙	丶 亠 亠 亠 吉 吉 亨 享 享 孰 孰
	孰哉(누구 **숙**, 어조사 **재**) 누구이겠느냐? 孰能(누구 **숙**, 능할 **능**) 누가 능히 할 수 있겠는가?
경영 영	丶 ㅛ 火 灬 炏 炏 炏 營 營 營 營 營 營
	經營(글 **경**, 지을 **영**) 관리하고 운영하는 것. 營業(지을 **영**, 업 **업**) 영리를 목적으로 사업을 경영하는 것.

微旦孰營 : 단(旦)은 주공의 이름으로, 그가 아니면 누가 거대한 곡부의 집을 경영할 수 있겠는가 하는, 주공의 업적을 치하하는 말.

奄宅曲阜 : 주공(周公)은 어려서 임금이 된 성왕을 오랫동안 보필하였고, 이를 고맙게 여긴 성왕은 곡부(曲阜)에 큰 집을 하사하였다.

微旦孰營 : 단(旦)은 주공의 이름으로, 그가 아니면 누가 거대한 곡부의 집을 경영할 수 있겠는가 하는, 주공의 업적을 치하하는 말.

桓	군셀 환	一 十 才 木 札 村 柜 柜 桓 桓
		盤桓(소반 **반**, 군셀 **환**) 머뭇거리며 그 자리를 멀리 떠나지 않는 것.
公	귀 공	丿 八 公 公
		公開(귀 **공**, 열 **개**) 여러 사람에게 널리 터놓는 것. 公言(귀 **공**, 말씀 **언**) 공개적으로 말하는 것.
匡	바를 광	一 匚 匚 匡 匡 匡
		匡矯(바를 **광**, 바로잡을 **교**) 바로잡음. 匡救(바를 **광**, 구할 **구**) 잘못을 바로잡고 도와 줌.
合	모을 합	丿 八 스 슥 合 合
		合流(모을 **합**, 흐를 **류**) 한데 합하여 흐르는 것. 合理(모을 **합**, 이치 **리**) 이치에 합당함.

桓公匡合: 제나라의 환공(桓公)은 관중(管仲)을 등용하여 부국(富國)과 강병(强兵)에 힘쓰고, 작은 나라의 왕들을 굳게 뭉치게 하여 천하를 바로 잡았다.

濟	건질 제	` ˋ 氵 氵 氵 汸 浐 浐 泞 泞 淬 淬 濟 濟
		濟度(건질 **제**, 법 **도**) 일체 중생을 부처의 도로써 고해(苦海)에서 건져 극락 세계로 인도해 주는 것.
弱	약할 약	⁊ ㄱ 弓 弓 弓' 弓' 弱 弱 弱 弱
		弱者(약할 **약**, 사람 **자**) 약한 사람. 强弱(강할 **강**, 약할 **약**) 강함과 약함.
扶	붙들 부	一 十 扌 扌 扞 扶 扶
		扶養(붙들 **부**, 기를 **양**) 생활능력이 없는 사람의 생활을 돌보는 것. 扶助(붙들 **부**, 도울 **조**) 잔칫집 등에 돈이나 물건을 보내 돕는 것.
傾	기울 경	丿 亻 亻 仁 仁 仆 佰 佰 佰 傾 傾 傾
		傾斜(기울 **경**, 비낄 **사**) 비탈지거나 기울어진 상태. 傾聽(기울 **경**, 들을 **청**) 귀를 기울이고 들음.

濟弱扶傾: 환공은 약하고 기울어져 가는 나라를 도와주었고, 아홉 차례에 걸쳐 제후들을 규합, 맹주가 되어 패업(霸業)을 이루었다.

桓公匡合

桓公匡合 : 제나라의 환공(桓公)은 관중(管仲)을 등용하여 부국(富國)과 강병(强兵)에 힘쓰고, 작은 나라의 왕들을 굳게 뭉치게 하여 천하를 바로 잡았다.

濟弱扶傾

濟弱扶傾 : 환공은 약하고 기울어져 가는 나라를 도와주었고, 아홉 차례에 걸쳐 제후들을 규합, 맹주가 되어 패업(霸業)을 이루었다.

綺	비단 기	⸝ ㄠ ㄠ 幺 乡 糸 糸⁻ 糽 紝 紵 綺 綺 綺
		①비단. 무늬가 놓인 비단. ②무늬. 광택. ③아름답다.
回	돌아올 회	㇓ 冂 冂 回 回 回
		回顧(돌아올 **회**, 돌아볼 **고**) 지난 일을 돌이켜 생각함.
		回歸(돌아올 **회**, 돌아올 **귀**) 다시 제자리에 돌아옴.
漢	한나라 한	⸝ ⸝ ⸝ 氵 汁 汁 汁 泄 渲 漢 漢 漢 漢
		漢字(한나라 **한**, 글자 **자**) 중국에서 만들어진 문자.
		門外漢(문 **문**, 바깥 **외**, 한나라 **한**) 그 일에 전문가가 아닌 사람.
惠	은혜 혜	一 厂 厅 百 甫 申 申 東 惠 惠 惠
		惠施(은혜 **혜**, 베풀 **시**) 은혜를 베푸는 것.
		恩惠(은혜 **은**, 은혜 **혜**) 베풀어 주는 혜택.

綺回漢惠 : 진나라 상산(商山)에는 네 분의 도사가 있었는데, 그 중 한 사람인 기리계(綺里季)는 위험에 빠진 한나라 태자 혜(惠)를 도왔다.

說	기쁠 열	一 二 言 言 言 訁 訁 訡 誶 說 說
		①기쁘다. 기뻐함. ②말씀. 말. 말하다. ③달래다. 유세함.
感	느낄 감	㇓ 厂 厂 厂 后 后 咸 咸 咸 咸 感 感 感
		感動(느낄 **감**, 움직일 **동**) 깊이 느끼어 마음이 움직임.
		同感(한가지 **동**, 느낄 **감**) 같은 느낌. 남과 함께 느끼는 것.
武	날랠 무	一 二 千 千 正 正 武 武
		武士(날랠 **무**, 선비 **사**) 무술을 익혀 그 방면에 종사하는 사람.
		文武(글월 **문**, 날랠 **무**) 학문적 지식과 군사상 책략.
丁	장정 정	一 丁
		兵丁(군사 **병**, 장정 **정**) 병역에 종사하는 장정.
		壯丁(장할 **장**, 장정 **정**) ①혈기 왕성한 남자. ②징병 적령자인 남자.

說感武丁 : 은나라 고종(高宗) 때의 부열(傅說)은 토목 공사장의 일꾼이었다가 재상으로 임명되어 중흥의 대업을 이룩, 무정(武丁)을 감동시켰다.

綺回漢惠 : 진나라 상산(商山)에는 네 분의 도사가 있었는데, 그 중 한 사람인 기리계(綺里季)는 위험에 빠진 한나라 태자 혜(惠)를 도왔다.

說感武丁 : 은나라 고종(高宗) 때의 부열(傳說)은 토목 공사장의 일꾼이었다가 재상으로 임명되어 중흥의 대업을 이룩, 무정(武丁)을 감동시켰다.

俊	준걸 준	ノ 亻 亻 俨 伫 俊 俊 俊
		俊秀(준걸 준, 빼어날 수) 남달리 빼어남. 俊傑(준걸 준, 호걸 걸) 재주와 지혜가 뛰어남.
乂	재주 예	ノ 乂
		재주. 뛰어남.
密	빽빽할 밀	﹅ 宀 宀 宓 宓 宓 宓 宓 密 密
		密度(빽빽할 밀, 법 도) 일정한 면적 속의 빽빽한 정도. 密集(빽빽할 밀, 모일 집) 빽빽이 모임.
勿	말 물	ノ 勹 勹 勿
		勿論(말 물, 의논할 론) 말할 것도 없음. 勿禁(말 물, 금할 금) 금한 일을 특별히 허락하여 주는 일.

俊乂密勿 : 준(俊)은 천 사람 중에서 가장 뛰어난 사람이요, 예(乂)란 백 사람 중 가장 뛰어난 이를 말하는데, 이러한 인재들이 열심히 일한다는 뜻이다.

多	많을 다	ノ ク タ タ 多 多
		多角(많을 다, 뿔 각) ①모가 많음. ②여러방면. 過多(지날 과, 많을 다) 지나치게 많음.
士	선비 사	一 十 士
		士氣(선비 사, 기운 기) 굳건하고 씩씩한 기세. 勇士(날랠 용, 선비 사) 용맹스러운 사람.
寔	이 식	﹅ 宀 宀 宀 宀 宵 宵 宣 宣 寔 寔
		①이것. ②참으로.
寧	편안 녕	﹅ 宀 宀 宀 宀 宁 宁 宁 寍 寍 寍 寧 寧
		寧嘉(편안 영, 즐거울 가) 편안히 즐거워함. 寧息(편안 영, 쉴 식) 편안히 쉼.

多士寔寧 : 많은 인재들이 모두 훌륭히 덕을 쌓아, 각자의 맡은 일을 잘하고 백성을 사랑하니 나라는 저절로 태평하고 평안하였다.

俊乂密勿

俊乂密勿 : 준(俊)은 천 사람 중에서 가장 뛰어난 사람이요, 예(乂)란 백 사람 중 가장 뛰어난 이를 말하는데, 이러한 인재들이 열심히 일한다는 뜻이다.

多士寔寧

多士寔寧 : 많은 인재들이 모두 훌륭히 덕을 쌓아, 각자의 맡은 일을 잘하고 백성을 사랑하니 나라는 저절로 태평하고 평안하였다.

晋	나라 진	一 丆 丌 丙 亙 亞 쯔 픞 晋 晋
		①나라 이름. ②나아가다.
楚	나라 초	一 十 木 木 札 林 林 林 林 埜 棼 楚 楚
		楚漢(나라 **초**, 나라 **한**) 진말(秦末)에 항우와 유방이 할거하던 초나라와 한나라.
更	다시 갱	一 丆 币 百 甲 更 更
		更新(다시 **갱**, 새 **신**) 고치어 새롭게 함. 更生(다시 **갱**, 날 **생**) 다시 살아나는 것.
霸	으뜸 패	一 亠 币 雨 雷 雷 雷 雷 雷 雷 覇 覇 霸 霸
		霸權(으뜸 **패**, 권세 **권**) 한 지방 또는 한 부류 중의 우두머리가 가진 권력.

晋楚更霸 : 세월이 지나 제나라의 환공(桓公)이 죽자 진나라의 문공(文公)과 초나라의 장왕(莊王)이 차례로 패왕이 되었다.

趙	나라 조	一 十 土 キ キ 走 走 走 起 起 赳 趙 趙 趙
		①나라 이름. ②찌르다.
魏	나라 위	二 千 禾 禾 委 委 委 魏 魏 魏 魏 魏 魏 魏
		魏闕(나라 **위**, 대궐 **궐**) 높고 큰 문. 대궐의 정문.
困	곤할 곤	丨 冂 冃 円 困 困 困
		困難(곤할 **곤**, 어려울 **란**) 몹시 딱하고 어려운 일. 貧困(가난할 **빈**, 곤할 **곤**) 가난해서 살림이 궁색함.
橫	비낄 횡	一 十 才 木 木 杧 栐 栐 桦 栐 椲 橫 橫 橫
		橫斷(비낄 **횡**, 끊을 **단**) ①가로 끊음. ②가로 지나감. 橫暴(비낄 **횡**, 사나울 **포**) 제멋대로 굴며 난폭함.

趙魏困橫 : 진(秦)나라 사람 장의(張儀)는 연횡설(連橫說)을 주장하여 약소한 위나라와 조나라를 더욱 곤란케 하였다.

晉楚更霸

晉楚更霸: 세월이 지나 제나라의 환공(桓公)이 죽자 진나라의 문공(文公)과 초나라의 장왕(莊王)이 차례로 패왕이 되었다.

趙魏困橫

趙魏困橫: 진(秦)나라 사람 장의(張儀)는 연횡설(連橫說)을 주장하여 약소한 위나라와 조나라를 더욱 곤란케 하였다.

거짓 가	ノイ亻亻′亻″亻″亻″亻″假假
	假飾(거짓 **가**, 꾸밀 **식**) 거짓으로 꾸밈. 假面(거짓 **가**, 얼굴 **면**) ①탈. ②거짓으로 꾸미는 행위나 태도.
길 도	ノ人ㅅ 亽 全 余 余 ､余 ､涂 涂 途
	長途(긴 **장**, 길 **도**) ①먼 길. ②오랜 여행. 途上(길 **도**, 웃 **상**) ①길 위. ②일이 진행되는 과정이나 도중.
멸할 멸	丶 丶 氵 氵 汀 汀 沪 沪 洉 洉 減 滅 滅
	滅亡(멸할 **멸**, 망할 **망**) 망하여 없어짐. 滅裂(멸할 **멸**, 찢을 **렬**) 산산조각이 남.
나라 괵	丶 ｢ ｢′ ｢″ 扩 扩 扩 虎 虢 虢
	①나라 이름. ②손톱자국.

假途滅虢 : 진(晉)나라의 헌공(獻公)은 우나라의 길을 빌려 괵나라를 멸망시킨 후, 돌아가는 길에 우나라도 쳐부수었다.

밟을 천	丶 口 口 口 甲 甲 무 무 足 足ヽ 跂 跂 践 踐 踐
	踐行(밟을 **천**, 갈 **행**) 실지로 행함. 實踐(열매 **실**, 밟을 **천**) 실제로 행하는 것.
흙 토	一 十 土
	土質(흙 **토**, 바탕 **질**) 흙의 성질. 土壤(흙 **토**, 곱다란흙 **양**) 식물에 영양을 공급하여 생장하게 하는 흙.
모일 회	ノ 人 ㅅ 仒 今 合 合 合 合 命 會 會 會
	會見(모일 **회**, 볼 **견**) 서로 모여서 봄. 會則(모일 **회**, 법 **칙**) 회의 규칙. 회규.
맹세 맹	丨 冂 日 日 旳 明 明 明 明 朋 盟 盟 盟
	盟約(맹세 **맹**, 맺을 **약**) 맹세하여 맺은 굳은 약속. 盟友(맹세 **맹**, 벗 **우**) 서로 굳게 약속한 벗.

踐土會盟 : 진나라 문공은 천토(踐土) 싸움에서 초나라에 이겨, 작은 나라들에게서 천자(天子)인 주나라 양왕을 섬기도록 맹서 받았다.

假途滅虢 : 진(晉)나라의 헌공(獻公)은 우나라의 길을 빌려 괵나라를 멸망시킨 후, 돌아가는 길에 우나라도 쳐부수었다.

踐土會盟 : 진나라 문공은 천토(踐土) 싸움에서 초나라에 이겨, 작은 나라들에게서 천자(天子)인 주나라 양왕을 섬기도록 맹서 받았다.

何遵約法

어찌 하	ノ イ 亻 广 仁 何 何 何
	何時(어찌 하, 때 시) 어느 때.
	如何(같을 여, 어찌 하) 어떠함.

좇을 준	｀ ｀ ｀ ｒ 午 兯 酉 酉 酋 尊 尊 薄 遵 遵
	遵守(좇을 준, 지킬 수) 법령 등을 따라 지킴.
	遵據(좇을 준, 웅거할 거) 전례나 명령에 의거함.

간략할 약	ノ ㄥ 幺 糸 糸 糸 紅 約 約
	約略(간략할 약, 간략할 략) 대개. 대략.
	約言(간략할 약, 말씀 언) 간략하게 말함.

법 법	｀ ｀ ｀ ㆍ ㆍ 氵 汁 注 法 法
	法度(법 법, 법 도) 생활상 지켜야 할 여러가지 법도.
	法律(법 법, 법 률) 법률.

何遵約法 : 한나라 고조(高祖) 때 명신 소하(蕭何)는 고조가 진나라를 멸한 후 너무도 법범 사건이 늘자, 세 가지의 간소화된 법을 책정하여 다스리었다.

韓幣煩刑

성 한	｜ ㄥ 古 古 直 卓 卓 卓 卓 朝 朝 韓 韓 韓
	韓族(성 한, 무리 족) 한반도 전역에 사는 민족.
	韓紙(성 한, 종이 지) 창호지 따위의 조선 종이.

폐단 폐	｜ ｀ 亻 亻 个 竹 伂 伂 伖 敞 敝 敝 敝 一 广 弊 弊
	폐해. 나쁨.

번거로울 번	｀ ｀ ｀ 火 火 灯 灯 灯 炠 煩 煩 煩 煩
	煩惱(번거로울 번, 머릿골 뇌) 심신이 시달림을 받아 괴로움.
	煩悶(번거로울 번, 민망할 민) 마음이 몹시 답답하여 괴로워함.

형벌 형	一 二 于 开 开 刑
	刑事(형벌 형, 일 사) 형사 사건의 수사 담당 경찰관.
	減刑(감할 감, 형벌 형) 확정된 형의 일부를 줄임.

韓幣煩形 : 전국시대 말기의 법학자 한비자(韓非子)가 제정한 법은, 매우 번거롭고 가혹하여 도리어 백성들에게 부작용이 많았다.

何遵約法 : 한나라 고조(高祖) 때 명신 소하(蕭何)는 고조가 진나라를 멸한 후 너무도 범법 사건이 늘자, 세 가지의 간소화된 법을 책정하여 다스리었다.

韓獘煩刑 : 전국시대 말기의 법학자 한비자(韓非子)가 제정한 법은, 매우 번거롭고 가혹하여 도리어 백성들에게 부작용이 많았다.

起	일어날 기	一 + 土 + キ キ キ 走 走 起 起 起 起居(일어날 기, 거할 거) ①행동거지. ②생활. 起案(일어날 기, 상고할 안) 문안을 기초하는 것.
剪	자를 전	` `` 广 广 苎 苎 首 前 前 前 剪 剪 剪의 본자(本字).
頗	치우칠 파	ー 厂 广 皮 皮 皮 皮 皮 皮 頗 頗 頗 頗 頗 頗 頗多(치우칠 파, 많을 다) 매우 많음. 頗香(치우칠 파, 향기 향) 자못 향기로움.
牧	칠 목	ノ ′ 屮 牛 牛 牜 牜 牧 牧 牧場(칠 목, 마당 장) 시설을 갖추어 가축을 치는 곳. 牧民(칠 목, 백성 민) 백성을 다스리어 기름.

起剪頗牧 : 명장을 꼽을 때에는 한중(漢中)을 평정한 백기(白起), 초나라를 친 왕전(王翦), 제나라를 정벌한 염파(廉頗), 또 이목(李牧)을 꼽는다.

用	쓸 용	) 冂 月 月 用 用務(쓸 용, 힘쓸 무) 볼 일. 適用(마침 적, 쓸 용) 무엇을 어디에 맞추어 쓰는 것.
軍	군사 군	` 冖 冖 冟 冟 宣 宣 軍 軍隊(군사 군, 떼 대) 일정한 질서 아래 조직된 군인의 집단. 軍縮(군사 군, 쭈그러질 축) 군비 축소.
最	가장 최	` 冂 曰 曰 旦 旦 早 早 旵 最 最 最高(가장 최, 높을 고) 가장 높음. 가장 좋음. 最適(가장 최, 마침 적) 가장 적당하거나 적합한 것.
精	정밀할 정	` `` 一 半 米 米 米 米 米 米 精 精 精 精 精密(정밀할 정, 빽빽할 밀) 세밀한 데까지 빈틈없이 정확함. 精算(정밀할 정, 수놓을 산) 정밀하게 계산함.

用軍最精 : 이 네 장수는 용병술이 뛰어나 군대를 잘 훈련시켰고 빈틈없는 전략을 지녔다.

起翦頗牧

起翦坡牧 : 명장을 꼽을 때에는 한중(漢中)을 평정한 백기(白起), 초나라를 친 왕전(王翦), 제나라를 정벌한 염파(廉頗), 또 이목(李牧)을 꼽는다.

用軍最精

用軍最精 : 이 네 장수는 용병술이 뛰어나 군대를 잘 훈련시켰고 빈틈없는 전략을 지녔다.

宣威沙漠

베풀 선	`、、宀宀宀宀宣宣宣`
	宣布(베풀 **선**, 베풀 **포**) 선언하여 공포하는 일. 宣傳(베풀 **선**, 전할 **전**) 대중에게 널리 알림.

위엄 위	`)厂厂厂反反威威威`
	威脅(위엄 **위**, 으를 **협**) 위세를 부리며 으르고 협박함. 威力(위엄 **위**, 힘 **력**) 권위에 찬 힘.

모래 사	`、、氵氵沙沙沙`
	沙漠(모래 **사**, 아득할 **막**) 생물이 자라지 않는 모래 벌판. 熱沙(더울 **열**, 모래 **사**) 햇볕으로 뜨거워진 모래.

아득할 막	`、、氵氵汁汁沽沽漠漠漠漠漠`
	漠然(아득할 **막**, 그럴 **연**) 아득한 모양. 荒漠(거칠 **황**, 아득할 **막**) 거칠고 아득하게 넓음.

宣威沙漠 : 장수로서 그 위엄이 멀리 사막까지 퍼졌다.

馳譽丹靑

달릴 치	`丨厂厂F F馬馬馬馬馬馬馳馳`
	馳騁(달릴 **치**, 달릴 **빙**) ①사냥함. ②말을 빨리 몲. 馳突(달릴 **치**, 나타날 **돌**) 힘차게 돌진함.

기릴 예	`厂F 白白 伯伯 與與與與譽譽譽`
	譽望(기릴 **예**, 바랄 **망**) 명예와 인망. 譽聞(기릴 **예**, 들을 **문**) 좋은 평판.

붉을 단	`)几月丹`
	丹心(붉을 **단**, 마음 **심**) 속에서 우러나는 참된 마음. 丹楓(붉을 **단**, 단풍 **풍**) 단풍나무의 준말.

푸를 청	`一 = ≠ 主 圭 青 青 青`
	靑綠(푸를 **청**, 푸를 **록**) 푸른빛과 초록빛. 靑史(푸를 **청**, 사기 **사**) 역사. 또는, 역사상의 기록.

馳譽丹靑 : 그 명예를 생전뿐 아니라 죽은 후에도 전하기 위하여 초상을 기린각에 그렸다.

宣威沙漠 : 장수로서 그 위엄이 멀리 사막까지 퍼졌다.

馳譽丹靑 : 그 명예를 생전뿐 아니라 죽은 후에도 전하기 위하여 초상을 기린각에 그렸다.

九州禹跡		
九	아홉 구	ノ 九
		九天(아홉 **구**, 하늘 **천**) 하늘의 가장 높은 곳. 重九(무거울 **중**, 아홉 **구**) 옛 명절의 하나. 음력 9월 9일.
州	고을 주	丶 丿 丿丶 丿丶丶 丿丿丶 州
		①고을. 행정 구역의 명칭. ②마을. 동네. ③나라. 국토.
禹	임금 우	一 丿 冂 旦 乌 乌 禹 禹 禹
		①하나라의 우임금. ②성.
跡	자취 적	丶 口 口 口 旦 旦 足 足 足' 趵 趵 跡 跡 跡
		追跡(쫓을 **추**, 자취 **적**) 뒤를 쫓는 일. 痕迹(흉터 **흔**, 자취 **적**) 뒤에 남은 자국이나 자취.

九州禹跡 : 하우씨가 구주를 분별하시니 기·연·청·서·양·형·예·옹·동 등 구주이다.

百郡秦幷		
百	일백 백	一 丆 丆 百 百 百
		百姓(일백 **백**, 성 **성**) 일반 국민. 서민. 평민. 百計(일백 **백**, 셀 **계**) 온갖 꾀.
郡	고을 군	一 ㅋ ㅋ 尹 尹 君 君 君' 君阝 郡
		고을. 행정 구역의 하나.
秦	나라 진	一 二 三 丰 夫 表 春 奉 奉 秦
		①나라 이름. ②중국의 통칭.
幷	아우를 병	丶 亠 䒑 幵 幵' 幵' 幵' 幷
		幷合(아우를 **병**, 합할 **합**) 둘 이상의 것을 하나로 합하는 것. 幷呑(아우를 **병**, 삼킬 **탄**) 아울러 삼킴.

百郡秦幷 : 진시황이 천하 봉군하는 법을 폐하고 일백군을 두었다.

九州禹跡

九 九 九 九 九 九 九 九 九 九
州 州 州 州 州 州 州 州 州 州
禹 禹 禹 禹 禹 禹 禹 禹 禹 禹
跡 跡 跡 跡 跡 跡 跡 跡 跡 跡

九州禹跡 : 하우씨가 구주를 분별하시니 기·연·청·서·양·형·예·옹·동 등 구주이다.

百郡秦幷

百 百 百 百 百 百 百 百 百 百
郡 郡 郡 郡 郡 郡 郡 郡 郡 郡
秦 秦 秦 秦 秦 秦 秦 秦 秦 秦
幷 幷 幷 幷 幷 幷 幷 幷 幷 幷

百郡秦幷 : 진시황이 천하 봉군하는 법을 폐하고 일백군을 두었다.

큰산 **악** (嶽)	丶丨 山 屵 屵 屵 屵 嶨 嶨 嶨 嶽 嶽 嶽 山嶽(메 **산**, 큰산 **악**) 높고 험준하게 솟은 산. 雪嶽(눈 **설**, 큰산 **악**) 설악산.
근본 **종** (宗)	丶 丶 宀 宀 宇 宇 宗 宗 宗家(근본 **종**, 집 **가**) 한 문중에서 맏이로만 이어진 큰 집. 宗族(근본 **종**, 겨레 **족**) 동성 동본의 일가.
항상 **항** (恒)	丨 丨 忄 忄 忄 忄 恒 恒 恒 恒 恒久(항상 **항**, 오랠 **구**) 변하지 않고 오래 감. 恒常(항상 **항**, 항상 **상**) 항상. 언제나.
메 **대** (岱)	丿 亻 亻 代 代 代 岱 岱 岱山(메 **대**, 메 **산**) 태산의 별칭.

嶽宗恒岱 : 오악은 동태·서화·남형·북항·중숭산이니 항산과 태산이 조종이라.

터닦을 **선** (禪)	一 二 亍 亍 亓 示 示 示 禾 禾 禾 禪 禪 禪 禪 參禪(참여할 **참**, 터닦을 **선**) 좌선(坐禪)하여 선을 닦는 것. 坐禪(자리 **좌**, 터닦을 **선**) 불교의 명상 수행법.
임금 **주** (主)	丶 亠 十 丰 主 主客(임금 **주**, 손 **객**) 주인과 손님. 公主(공변될 **공**, 임금 **주**) 정실 왕비가 낳은 임금의 딸.
이를 **운** (云)	一 二 云 云 云云(이를 **운**) 이러이러 함. 云謂(이를 **운**, 이를 **위**) 일러 말함.
정자 **정** (亭)	丶 亠 亠 亠 亠 亠 亠 亠 亭 亭 亭子(정자 **정**, 아들 **자**) 산수가 좋은 곳에 놀기 위하여 지은 집. 停車(정자 **정**, 수레 **거**) 차가 정지하는 것.

禪主云亭 : 운과 정은 천자를 봉선하고 제사하는 곳이니 운정은 태산에 있다.

嶽宗恒岱 : 오악은 동태·서화·남형·북항·중숭산이니 항산과 태산이 조종이라.

禪主云亭 : 운과 정은 천자를 봉선하고 제사하는 곳이니 운정은 태산에 있다.

雁門紫塞	기러기 안	ノ 厂 厂 厂 厂 厂 厂 厂 厂 雁 雁 雁
		雁鴻(기러기 **안**, 큰기러기 **홍**) 기러기와 큰 기러기. 雁書(기러기 **안**, 글 **서**) 편지.
	문 문	丨 冂 冂 冂 冃 門 門 門
		門前(문 **문**, 앞 **전**) 문 앞. 門下(문 **문**, 아래 **하**) ①제자. ②스승의 밑.
	자주색 자	丨 ト 止 止 此 此 紫 紫 紫 紫
		紫色(자주색 **자**, 빛 **색**) 자줏빛. 紫錦(자주색 **자**, 비단 **금**) 자줏빛의 비단.
	변방 새	ヽ 宀 宀 宀 宀 宙 宙 実 実 寒 寒 塞
		塞翁之馬(변방 **새**, 늙은이 **옹**, 갈 **지**, 말 **마**) 인생의 길흉화복은 변화가 많아 예측하기가 힘들다는 뜻의 고사성어.

雁門紫塞 : 안문은 봄기러기가 북으로 가는 고로 안문이고, 흙이 붉은 고로 자새라 했다.

鷄田赤城	닭 계	ノ ハ ウ 氽 氽 奚 奚 雞 雞 雞 雞 雞 雞
		鷄林(닭 **계**, 수풀 **림**) ①'신라'의 딴 이름. ②'경주'의 딴 이름. 養鷄(기를 **양**, 닭 **계**) 닭을 기르는 일.
	밭 전	丨 冂 冂 田 田
		田畓(밭 **전**, 논 **답**) 밭과 논. 田園(밭 **전**, 동산 **원**) ①논밭과 동산. ②시골. 교회.
	붉을 적	一 十 土 ヰ 亦 赤 赤
		赤字(붉을 **적**, 글자 **자**) 수입보다 지출이 많음. 赤道(붉을 **적**, 길 **도**) 적도.
	재 성	一 十 土 圠 圢 坊 城 城 城
		城主(재 **성**, 주인 **주**) 성의 주인. 干城(방패 **간**, 재 **성**) 나라를 방위하는 군인.

鷄田赤城 : 계전은 옹주에 있고, 적성은 기주에 있는 고을이다.

雁門紫塞

雁門紫塞 : 안문은 봄기러기가 북으로 가는 고로 안문이고, 흙이 붉은 고로 자새라 했다.

鷄田赤城

鷄田赤城 : 계전은 옹주에 있고, 적성은 기주에 있는 고을이다.

昆	맏 곤	丶 冂 冃 日 旦 昌 昆 昆
		昆季(맏 **곤**, 말재 **계**) 맏형과 막내아우. 즉 형제.
池	못 지	丶 冫 氵 汁 池 池
		池閣(못 **지**, 집 **각**) 연못가에 있는 누각.
		天池(하늘 **천**, 못 **지**) 백두산 정상에 있는 못.
碣	돌 갈	一 厂 ㄏ 石 石 石' 石'' 石''' 碣 碣 碣 碣
		①선 돌. ②산이 우뚝 솟은 모양. ③둥근 비석.
石	돌 석	一 厂 ㄏ 石 石
		石油(돌 **석**, 기름 **유**) 석유.
		石像(돌 **석**, 형상 **상**) 돌로 만든 사람이나 동물의 형상.

昆池碣石 : 곤지는 운남 곤명현에 있고, 갈석은 부평현에 있다.

鉅	클 거	丿 ㅅ ㅅ 乍 午 숲 金 金 釒 釕 鉅 鉅 鉅
		크다.
野	들 야	丶 冂 冃 日 旦 甲 里 里' 野' 野 野
		野談(들 **야**, 말씀 **담**) 야사(野史)의 이야기.
		平野(평할 **평**, 들 **야**) 평평하고 넓은 들.
洞	고을 동	丶 冫 氵 汁 汩 洞 洞 洞 洞
		洞口(고을 **동**, 입 **구**) 동네의 입구.
		洞里(고을 **동**, 마을 **리**) 마을.
庭	뜰 정	丶 ㆍ 广 广 庁 庄 庄 庭 庭
		庭園(뜰 **정**, 동산 **원**) 뜰, 집안에 만들어 놓은 동산.
		家庭(집 **가**, 뜰 **정**) 한 가족을 단위로 하여 이루어진 생활 공동체.

鉅野洞庭 : 거야는 태산 동편에 있는 광야이고, 동정은 호남성에 있는 중국 제일의 호수이다.

昆池碣石 ; 곤지는 운남 곤명현에 있고, 갈석은 부평현에 있다.

鉅野洞庭 : 거야는 태산 동편에 있는 광야이고, 동정은 호남성에 있는 중국 제일의 호수이다.

曠	빌 광	丨 冂 日 日⁻ 旷 旷 旷 旷 旷 曠 曠 曠 曠 曠
		曠野(빌 광, 들 야) 넓은 벌판. 曠日(빌 광, 날 일) 쓸데없이 나날을 보냄.
遠	멀 원	一 十 土 吉 吉 吉 声 章 袁 袁 `袁 `遠 遠 遠
		遠景(멀 원, 볼 경) 먼 경치. 永遠(길 영, 멀 원) 어떤 상태가 끝없이 이어짐.
綿	솜 면	⺪ ⺪ ⺪ 幺 糸 糸 糹 紗 紗 綿 綿 綿 綿
		綿密(솜 면, 빽빽할 밀) 자세하고 빈틈이 없음. 綿絲(솜 면, 실 사) 무명실.
邈	멀 막	⺈ ⺈ ⺈ ⺈ ⺈ 多 多 豸 豸 豸 貌 `貌 `邈 邈
		①멀다. 아득함. ②업신여기다. ③근심하다.

曠遠綿邈 : 산·벌판·호수 등이 아득하고 멀리 그리고 널리 줄지어 있음을 말한다.

巖	바위 암	` 丶 山 ⺌ ⺌ 严 严 严 严 严 巖 巖 巖 巖 巖
		①바위. ②가파르다. 험함. ③굴. 석굴.
岫	메뿌리 수	⺈ 凵 山 山⺀ 屶 屶 岫 岫
		산뿌리.
杳	아득할 묘	一 十 ⺙ 木 木 杏 杏 杳
		①멀다. 아득하다. ②어둡다.
冥	어두울 명	` ⺈ ⺈ 冖 冖 冝 冝 冥 冥 冥
		冥想(어두울 명, 생각할 상) 눈을 감고 조용히 생각함.

巖岫杳冥 : 큰 바위와 메뿌리가 묘연하고 아득함을 말한다.

曠遠綿邈 : 산·벌판·호수 등이 아득하고 멀리 그리고 널리 줄지어 있음을 말한다.

巖岫杳冥 : 큰 바위와 메뿌리가 묘연하고 아득함을 말한다.

	다스릴 치	` ｀ ｾ ｼ 氵 沪 泠 治 治 治
治本於農務兹稼穡 (治 column)		治國(다스릴 **치**, 나라 **국**) 나라를 다스림. 政治(정세 **정**, 다스릴 **치**) 나라를 다스리는 일.
	근본 본	一 十 才 木 本
		本末(근본 **본**, 끝 **말**) 일의 처음과 끝. 本質(근본 **본**, 바탕 **질**) 본래부터 갖고 있는 사물 독자의 성질.
	늘 어	` ﾞ ﾌ 方 斺 於 於
		於是乎(늘 **어**, 이 **시**, 어조사 **호**) 이제야. 甚至於(심할 **심**, 이를 **지**, 늘 **어**) 심하다 못해 나중에는.
	농사 농	` 冂 内 曲 曲 曲 芦 芦 芦 芦 農 農 農
		農村(농사 **농**, 마을 **촌**) 주민의 대부분이 농업에 종사하는 마을. 農耕(농사 **농**, 밭갈 **경**) 농사를 짓는 일.

治本於農 : 다스리는 것은 농사를 근본으로 하니, 즉 중농정치를 말한다.

	힘쓸 무	` ｀ ｺ 予 矛 矛 矜 矜 敄 敄 務 務
		務望(힘쓸 **무**, 바랄 **망**) 애써 바라는 일. 用務(쓸 **용**, 힘쓸 **무**) 볼일.
	이 자	` ﾞ ｽ 玄 玄 玄` 玄ﾞ 玆ﾞ 兹 兹
		①이. 가까운 사물을 가리킴. ②이에. 발어사. ③검다.
	심을 가	' ｲ 千 禾 禾 禾` 禾` 秄 秄 秄 秄 稼 稼 稼
		①심다. 농사. ②익은 벼 이삭. ③베지 아니한 벼.
	거둘 색	' ｲ 千 禾 禾 禾` 秆 秆 秜 秜 稴 稴 穡
		稼穡(거둘 **가**, 거둘 **색**) 농사를 지어 거두어 들임.

務兹稼穡 : 때를 놓치지 말고 심고 거두는 데 힘써야 한다.

治本於農 治 治 治 治 治 治 治 治 治
本 本 本 本 本 本 本 本 本
於 於 於 於 於 於 於 於 於
農 農 農 農 農 農 農 農 農

治本於農 : 다스리는 것은 농사를 근본으로 하니, 즉 중농정치를 말한다.

務茲稼穡 務 務 務 務 務 務 務 務 務
茲 茲 茲 茲 茲 茲 茲 茲 茲
稼 稼 稼 稼 稼 稼 稼 稼 稼
穡 穡 穡 穡 穡 穡 穡 穡 穡

務茲稼穡 : 때를 놓치지 말고 심고 거두는 데 힘써야 한다.

俶	비로소 숙	ノ 亻 亻' 亻ト 亻卡 亻丰 亻ŧ 亻ㅊ 俶 俶
		비로소.
載	실을 재	一 十 土 圡 吉 吉 吉 壴 壴 車 軋 載 載
		搭載(막을 **탑**, 실을 **재**) 배·차량·비행기 등에 물건을 싣는 것. 記載(기록할 **기**, 실을 **재**) 문서 따위에 적어 넣는 것.
南	남녘 남	一 十 ナ 广 内 内 内 南 南 南
		南極(남녘 **남**, 가운데 **극**) 남쪽의 끝. 南向(남녘 **남**, 향할 **향**) 남쪽으로 향하는 것.
畝	이랑 묘	` 亠 广 亩 市 亩 亩 畝 畝 畝
		밭이랑.

俶載南畝 : 비로소 남양의 밭에서 농작물을 북돋아 기른다.

我	나 아	ノ 二 千 手 我 我 我
		我執(나 **아**, 잡을 **집**) 자기만을 내세움. 自我(스스로 **자**, 나 **아**) 나. 자기.
藝	재주 예	艹 芁 並 封 封 執 埶 埶 蓻 蓻 蓻 藝 藝 藝
		藝術(재주 **예**, 재주 **술**) 미를 창조하는 인간 활동 및 그 작품. 藝能(재주 **예**, 능할 **능**) 예술과 기능.
黍	기장 서	一 二 千 チ 禾 禾 秂 秂 泰 黍 黍
		기장. 오곡(五穀)의 한 가지.
稷	피 직	ノ 二 千 チ 禾 禾 利 秆 稈 稈 稷 稷 稷 稷
		①기장. ②오곡의 신. 또는, 그 사당. 社稷(모일 **사**, 피 **직**) '나라' 또는 '조정'을 일컫는 말.

我藝黍稷 : 나는 기장과 피를 심는 농사 일에 열중하겠다.

俶載南畝

俶載南畝 : 비로소 남양의 밭에서 농작물을 북돋아 기른다.

我藝黍稷

我藝黍稷 : 나는 기장과 피를 심는 농사 일에 열중하겠다.

稅	부세 세	一 二 千 千 禾 禾 税 税 税 税 税 税
		稅關(부세 세, 빗장 관) 관세와 수출입 화물에 대한 내국세를 부과·징수하는 등의 사무를 관장하는 국세청 소속 기관.
熟	익힐 숙	、 一 亠 亩 亨 亨 享 享 孰 孰 孰 孰 熟 熟
		半熟(절반 반, 익힐 숙) 만쯤 익은 것. 熟省(익힐 숙, 살필 성) 충분히 익숙해진 상태가 되는 것.
貢	바칠 공	一 二 工 干 于 于 盲 盲 貢 貢
		貢獻(바칠 공, 드릴 헌) 이바지함. 貢物(바칠 공, 만물 물) 조정에 바치는 물건.
新	새 신	、 一 亠 立 ㅍ 辛 辛 亲 亲 新 新 新
		新刊(새 신, 새길 간) 책을 새로 내는 것. 또는, 그 책. 新聞(새 신, 들을 문) 신문.

稅熟貢新 : 곡식이 익으면 부세하며 국용을 준비하고 신곡으로 종묘에 제사를 올린다.

勸	권할 권	、 一 ++ 芦 苗 苗 莳 莳 荏 萑 藿 藿 勸 勸
		勸獎(권할 권, 권면할 장) 잘 하도록 권하여 장려함. 勸誘(권할 권, 꾀일 유) 권하거나 달램.
賞	상줄 상	、 ⺌ ⺌ 尚 尚 尚 常 常 常 賞 賞 賞
		賞狀(상 상, 문서 장) 상을 나타내는 증서. 副賞(버금 부, 상 상) 정식 상 외에 따로 덧붙여 주는 상.
黜	내칠 출	丶 口 日 日 旦 甲 里 黒 黒 黒 黜 黜 黜 黜
		내치다. 물리치다.
陟	오를 척	ノ 了 阝 阝' 阝' 阝⺊ 阡 陟 陟
		①오르다. ②올리다. 추천함. ③나아가다.

勸賞黜陟 : 농민의 의기를 앙양키 위하여 열심히 한 자는 상주고 게을리 한 자는 출척하였다.

税熟貢新 : 곡식이 익으면 부세하며 국용을 준비하고 신곡으로 종묘에 제사를 올린다.

勸賞黜陟 : 농민의 의기를 앙양키 위하여 열심히 한 자는 상주고 게을리 한 자는 출척하였다.

孟	만 맹	丁 了 子 子 孟 孟 孟 孟
		①맏. 처음. ②힘쓰다. ③맹자의 약칭.
軻	수레 가	一 ㄷ ㅁ ㅂ 日 亘 車 軒 軒 軒 軒 軻
		수레가 가기 힘들다는 뜻으로, 일이 뜻대로 진척되지 아니함의 비유.
敦	도타울 돈	ᐟ ᅩ ᅷ ᅣ ᅲ 亨 亨 亨 亨 孰 敦
		敦篤(도타울 돈, 도타울 독)인정이 두터움.
素	흴 소	一 = 丰 主 半 圭 耒 圭 素 素
		素材(흴 소, 재목 재) 근본이 되는 재료. 素質(흴 소, 바탕 질) 본디부터 가지고 있는 성질.

孟軻敦素: 맹자는 그 모친의 교훈을 받아 자사문하에서 배웠다.

史	사기 사	丶 ㅁ ㅁ 史 史
		史家(역사 사, 집 가) 역사가. 歷史(지날 력, 사기 사) 인류사회의 변천과 흥망의 과정.
魚	물 고 기 어	丿 ク 夕 夕 鱼 鱼 鱼 鱼 魚 魚 魚
		魚物(고기 어, 만물 물) ①물고기. ②가공하여 말린 해산물. 養魚(기를 양, 고기 어) 물고기를 기르는 일.
秉	잡을 병	一 二 彐 彐 彐 秉 秉 秉
		秉權(잡을 병, 권세 권) 정권의 고동(제일 중요한 고비)을 잡음. 秉燭(잡을 병, 촛불 촉) 촛불을 잡거나 켬.
直	곧을 직	一 十 广 古 古 直 直 直
		直角(곧을 직, 뿔 각) 두 직선이 만나서 이루는 90도의 각. 直行(바를 직, 갈 행) ①바른 행동. ②쉬지 않고 곧장 감.

史魚秉直: 사어라는 사람은 위나라 태부였으며 그 성격이 매우 강직하였다.

孟軻敦素 : 맹자는 그 모친의 교훈을 받아 자사문하에서 배웠다.

史魚秉直 : 사어라는 사람은 위나라 태부였으며 그 성격이 매우 강직하였다.

庶幾中庸

여럿 서	丶 亠 广 产 庐 庐 庐 庶 庶 庶
	庶務(여럿 **서**, 힘쓸 **무**) 일반적인 여러가지 사무. 庶民(여럿 **서**, 백성 **민**) 일반 평민.
얼마 기	幺 幺 幺 丝 丝 丝 丝 丝 幾 幾 幾
	幾年(얼마 **기**, 해 **년**) 몇 해. 幾微(얼마 **기**, 작을 **미**) 일의 야릇한 기틀.
가운데 중	丨 口 口 中
	中途(가운데 **중**, 길 **도**) 일이 되어가는 동안. 도중. 集中(모일 **집**, 가운데 **중**) 한 곳으로 모이거나 모이게 하는 것.
떳떳할 용	丶 亠 广 户 户 庐 庐 庸 庸 庸 庸
	中庸(가운데 **중**, 떳떳할 **용**) 치우침이 없어 떳떳하거나 알맞은 상태.

庶幾中庸 : 어떠한 일이나 한쪽으로 기울어지게 일하면 안된다.

勞謙謹勅

수고할 로	丶 亠 ㄨ 火 火 火 炒 炊 燃 勞 勞
	勞苦(수고할 **노**, 쓸 **고**) 애쓰고 고생함. 過勞(지날 **과**, 수고할 **로**) 몸이 고달플 정도로 지나치게 일하는 것.
겸손 겸	丶 亠 ㄜ 主 言 言 言 言 訁 訁 謙 謙 謙
	謙遜(겸손 **겸**, 공손 **손**) 남을 높이고 제 몸을 낮춤. 謙虛(겸손 **겸**, 빌 **허**) 허심하게 자기를 낮춤.
삼갈 근	丶 亠 ㄜ 主 言 言 言 言 訁 訁 謹 謹 謹 謹
	謹愼(삼갈 **근**, 삼갈 **신**) 언행을 삼가서 조심함. 謹嚴(삼갈 **근**, 엄할 **엄**) 신중하고 엄격함.
칙서 칙	一 亠 ㄊ 므 束 束 束 勅 勅
	勅命(칙서 **칙**, 목숨 **명**) 천자의 명령. 勅書(칙서 **칙**, 글 **서**) 황제의 명령을 적은 문서.

勞謙謹勅 : 근로하고 겸손하며 삼가하고 신칙하면 중용의 도에 이른다.

庶	庶	庶	庶	庶	庶	庶	庶	庶	庶
幾	幾	幾	幾	幾	幾	幾	幾	幾	幾
中	中	中	中	中	中	中	中	中	中
庸	庸	庸	庸	庸	庸	庸	庸	庸	庸

庶幾中庸 : 어떠한 일이나 한쪽으로 기울어지게 일하면 안된다.

勞	勞	勞	勞	勞	勞	勞	勞	勞	勞
謙	謙	謙	謙	謙	謙	謙	謙	謙	謙
謹	謹	謹	謹	謹	謹	謹	謹	謹	謹
勅	勅	勅	勅	勅	勅	勅	勅	勅	勅

勞謙謹勅 : 근로하고 겸손하며 삼가하고 신칙하면 중용의 도에 이른다.

聆音察理

들을 령	⸜ ⺀ ⺁ ⺃ ⺋ ⺋ 耳 耵 耵 耹 聆 聆
	①들음. ②깨달음.
소리 음	⸜ ⺀ ⺋ ⺋ 立 产 产 音 音
	音律(소리 **음**, 법 **률**) 소리와 음악의 가락. 發音(필 **발**, 소리 **음**) 소리를 내는 것.
살필 찰	⸜ ⺀ 宀 宀 宀 灾 灾 灾 穸 察 察 察
	査察(사실할 **사**, 살필 **찰**) 어떤 일이 규정에 따라 준수되고 있는지 조사 확인하는 일.
도리 리	⸜ ⺀ ⺁ ⺃ 玎 玎 玑 玑 理 理 理
	理念(이치 **이**, 생각할 **념**) 어떤 것을 이상적으로 여기는 생각이나 견해.

聆音察理 : 소리를 듣고 거동을 살피니 비록 조그마한 일이라도 주의하여야 한다.

鑑貌辨色

거울 감	⸜ ⺀ 牟 金 金 釒 釒 鈩 鈩 鈩 鈩 鑑 鑑
	鑑別(거울 **감**, 다를 **별**) 감정하여 분별하여 냄. 鑑賞(거울 **감**, 상줄 **상**) 예술 작품을 음미함.
모양 모	⸜ ⺀ ⺋ ⺋ 豸 豸 豸 豸 豸 豸 豸 貌 貌
	貌樣(모양 **모**, 모양 **양**) 됨됨이. 생김생김. 美貌(아름다울 **미**, 모양 **모**) 아름다운 얼굴 모습.
분별할 변	⸜ ⺀ 亠 立 辛 辛 辛 辛 辛 辛 辛 辨 辨
	辨理(분별할 **변**, 이치 **리**) 일을 분별하여 처리함. 分辨(나눌 **분**, 분별할 **변**) 서로 구분을 지어 가르는 것.
빛 색	⸜ ⺀ 夕 夕 多 色
	色盲(빛 **색**, 어둘 **맹**) 색각 이상으로 색의 구별이 되지 않는 상태. 色素(빛 **색**, 흴 **소**) 색깔의 근원이 되는 물질.

鑑貌辨色 : 모양과 거동으로 그 사람의 심리를 분별한다.

聆音察理 : 소리를 듣고 거동을 살피니 비록 조그마한 일이라도 주의하여야 한다.

鑑貌辨色 : 모양과 거동으로 그 사람의 심리를 분별한다.

貽厥嘉猷

끼칠 이
丨 冂 冃 月 目 目 貝 貝 貽 貽 貽 貽

貽訓(끼칠 **이**, 가르칠 **훈**) 자손을 위해 남긴 교훈.
貽謀(끼칠 **이**, 꾀 **모**) 자손을 위하여 남긴 꾀.

그 궐
丿 厂 厂 厂 严 严 严 屛 屛 屛 厥

厥者(그 **궐**, 놈 **자**) 그 사람.
厥明(그 **궐**, 밝을 **명**) 내일.

아름다울 가
一 十 土 吉 吉 吉 吉 吉 壴 喜 嘉 嘉 嘉 嘉

嘉名(아름다울 **가**, 이름 **명**) 좋은 이름.
嘉宴(아름다울 **가**, 잔치 **연**) 경사스러운 잔치.

꾀 유
丿 人 人 ケ 产 酋 酋 酋 酋 酋 猷 猷 猷

猷念(꾀 **유**, 생각할 **념**) 궁리함.

貽厥嘉猷 : 착한 일을 하여 자손에게 좋은 것을 남기어야 한다.

勉其祗植

힘쓸 면
丿 ク タ 各 各 免 免 免 勉 勉

勉學(힘쓸 **면**, 배울 **학**) 학문에 힘씀.
勤勉(부지런할 **근**, 힘쓸 **면**) 부지런히 힘쓰는 것.

그 기
一 十 卄 艹 甘 其 其 其

其實(그 **기**, 열매 **실**) 실제의 형편.
其間(그 **기**, 사이 **간**) 그 사이. 그동안.

공경 지
一 二 亍 亓 示 示 礻 祗 祗 祗

祗敬(공경 **지**, 공경 **경**) 매우 공경하는 것.

심을 식
一 十 才 才 木 札 札 枦 枦 植 植 植

植樹(심을 **식**, 나무 **수**) 나무를 심음.
植物(심을 **식**, 만물 **물**) 생물의 이대 분류의 하나.

勉其祗植 : 착한 것을 자손에게 심어 주는 데 힘써야 하며 좋은 가정을 이루어야 한다.

貽厥嘉猷 : 착한 일을 하여 자손에게 좋은 것을 남기어야 한다.

勉其祗植 : 착한 것을 자손에게 심어 주는 데 힘써야 하며 좋은 가정을 이루어라.

省	살필 성	` ⺊ ⺌ 少 少 省 省 省 省`
		省察(살필 성, 살필 찰) 자기의 마음을 반성하여 살피는 것.
		省墓(살필 성, 무덤 묘) 조상의 산소를 찾아 돌봄.
躬	몸 궁	` ⺈ 亻 月 自 身 身 身 躬 躬`
		躬行(몸 궁, 갈 행) 몸소 행함. 실천함.
		鞠躬(공 국, 몸 궁) 몸을 굽혀 존경의 뜻을 나타내는 것.
譏	나무랄 기	` 丶 ㇃ 言 言 言 言 言 訁 訁 諓 譏 譏 譏`
		譏謗(나무랄 기, 나무랄 방) 헐뜯음. 비방.
		譏察(나무랄 기, 살필 찰) 살핌. 조사함.
誡	경계 계	` 丶 ㇃ 言 言 言 言 言 訁 訂 訐 誡 誡 誡`
		誡命(경계 계, 목숨 명) 도덕상, 종교상 지킬 규정.

省躬譏誡 : 희롱함과 경계함이 있는가 염려하여 몸을 살피라.

寵	사랑할 총	` 丶 宀 宀 宀 宀 宀 宁 宵 宵 宵 寵 寵 寵`
		寵愛(사랑할 총, 사랑 애) 남달리 귀엽게 여기어 사랑하는 것.
增	더할 증	` 一 土 圤 圹 圹 圹 圹 增 增 增 增`
		增加(더할 증, 더할 가) 더 늘어서 많아지는 것.
		增築(더할 증, 쌓을 축) 지어진 건물에 덧붙여 짓는 것.
抗	겨룰 항	` 一 亠 扌 扌 扩 扩 抗`
		抗拒(겨룰 항, 맞설 거) 막아내기 위하여 대항함.
		抗辯(겨룰 항, 말잘할 변) 항거하여 변론함.
極	극진할 극	` 一 十 木 木 杧 柯 桓 極 極`
		極限(극진할 극, 한정 한) 끝닿은 한계.
		至極(이를 지, 극진할 극) 더없이 극진함.

寵增抗極 : 총애가 더할수록 교만한 태도를 부리지 말고 더욱 조심하여야 한다.

省躬譏誡 : 희롱함과 경계함이 있는가 염려하여 몸을 살피라.

寵增抗極 : 총애가 더할수록 교만한 태도를 부리지 말고 더욱 조심하여야 한다.

	위태 태	一 ァ ラ ゥ 殆 殆 殆 殆 殆 殆半(위태 태, 반 반) 거의 절반. 殆無(위태 태, 없을 무) 거의 없음.
殆辱近恥	욕할 욕	丿 厂 戶 戶 辰 辰 辱 辱 辱說(욕할 욕, 말씀 설) 남을 저주하는 말. 명예를 더럽히는 말. 凌辱(업신여길 능, 욕할 욕) 업신여겨 욕보이는 것.
	가까울 근	´ ┌ ┌ 斤 斤 沂 沂 近 近代(가까울 근, 대신 대) 얼마 지나지 않은 가까운 시대. 接近(접할 접, 가까울 근) 가까이 다가감.
	부끄러울 치	一 「 F F E 耳 耳 耶 耻 恥 恥辱(부끄러울 치, 욕할 욕) 부끄러움과 욕됨. 羞恥(부끄러울 수, 부끄러울 치) 부끄러움.

殆辱近恥 : 총애를 받는다고 욕된 일을 하면 멀지 않아서 위태함과 치욕이 온다.

	수풀 림	一 十 才 木 木 杧 材 林 林野(수풀 임, 들 야) 나무가 무성한 들. 林業(수풀 임, 업 업) 산림을 경영하는 산업.
林皐幸卽	언덕 고	´ ´ 宀 白 白 白 臯 臯 皐 皐 皐復(언덕 고, 돌아올 복) 초혼하고 발상하는 의식.
	다행 행	一 十 土 ナ 去 去 去 幸 幸福(다행 행, 복 복) 복된 좋은 운수. 幸運(다행 행, 운수 운) 좋은 운수. 행복한 운수.
	곧 즉	´ ´ 白 白 白 自 𦉪 卽 卽 卽興(곧 즉, 일 흥) 바로 그 자리에서 일어나는 흥. 卽效(곧 즉, 본받을 효) 즉시 나타나는 효과.

林皐幸卽 : 부귀할지라도 겸퇴(謙退:겸손히 사양하고 물러남)하여 산간수풀에서 사는 것도 다행한 일이다.

殆辱近恥 : 총애를 받는다고 욕된 일을 하면 멀지 않아서 위태함과 치욕이 온다.

林皐幸卽 : 부귀할지라도 겸퇴(謙退:겸손히 사양하고 물러남)하여 산간수풀에서 사는 것도 다행한 일이다.

兩	두 양	一 厂 厂 币 币 币 兩 兩
		兩家(두 **양**, 집 **가**) 양쪽 집안. 兩面(두 **양**, 낯 **면**) 사물의 두면. 겉과 안.
疏	성길 소	ㄱ ㄱ ㄱ ㄲ ㄲ ㄲ' 疒 疒 疋 疏 疏 疏
		疏忽(성길 **소**, 문득 **홀**) 데면데면하고 가벼움. 疎外(성길 **소**, 밖 **외**) 싫어하여 따돌리는 것.
見	볼 견	ㅣ 冂 冂 月 目 貝 見
		見本(볼 **견**, 근본 **본**) 본보기. 見學(볼 **견**, 배울 **학**) 실제로 보고 배우는 것.
機	틀 기	一 十 才 木 木' 机 杵 样 样 样 様 機 機 機
		機械(틀 **기**, 기계 **계**) 일정한 작업을 하는 장치. 機能(틀 **기**, 능할 **능**) 어떤 분야에서 하는 역할.

兩疏見機 : 한나라의 소광과 소수는 기틀을 보고 상소한 후 낙향했다.

解	풀 해	' ⺈ ⺈ 角 角 角 角' 角' 角' 解 解
		解析(풀 **해**, 쪼갤 **석**) 상세히 풀어서 이론적으로 연구함. 解決(풀 **해**, 결단할 **결**) 제기된 일을 해명 처리함.
組	짤 조	ᄼ ㄠ ㄠ 乡 糸 糸 糹 糹 紀 組 組
		組版(짤 **조**, 판목 **판**) 활자로 인쇄판을 짜는 일. 組織(짤 **조**, 짤 **직**) 체계있는 집단을 짬.
誰	누구 수	一 ㄴ ㅌ ㅌ 言 言 言 訁 訃 訃 誰 誰 誰
		誰何(누구 **수**, 어찌 **하**) ①누구. ②누구냐고 묻는 말.
逼	핍박할 핍	一 ㄷ 戸 戸 戸 戸 戸 畐 畐 冨 逼 逼 逼
		逼迫(핍박할 **핍**, 핍박할 **박**) 바싹 죄어서 몹시 괴롭게 구는 것.

解組誰逼 : 관의 끈을 풀고 사직하고 돌아가니 누가 핍박하리요.

兩疏見機

兩疏見機 : 한나라의 소광과 소수는 기틀을 보고 상소한 후 낙향했다.

解組誰逼

解組誰逼 : 관의 끈을 풀고 사직하고 돌아가니 누가 핍박하리요.

索居閑處

찾을 색	一 十 キ 冎 冎 索 索 索 索 索
	索引(찾을 **색**, 당길 **인**) 책의 내용을 찾아보기 쉽게 한 목록. 搜索(찾을 **수**, 찾을 **색**) 더듬어 찾는 것.
살 거	フ コ ア 尸 尸 尸 居 居
	居處(살 **거**, 곳 **처**) 살고 있는 곳. 居留(살 **거**, 머무를 **류**) 일시적으로 머물러 삶.
한가할 한	｜ ｜' ｜'' 『 『' 『'' 門 門 門 閑 閑 閑
	閑寂(한가할 **한**, 고요할 **적**) 한가하고 고요함. 閑職(한가할 **한**, 벼슬 **직**) 늘 한가한 직책.
곳 처	ﾉ 亠 广 卢 庐 虍 虖 處 處 處
	處所(곳 **처**, 바 **소**) 거처하는 곳. 居處(살 **거**, 곳 **처**) 살고 있는 장소.

索居閑處 : 퇴직하여 한가한 곳을 찾아 세상을 보냈다.

沈默寂寥

잠길 침	､ ､ ｿ ｿ 氵 沪 沙 沈
	沈沒(잠길 **침**, 빠질 **몰**) 물속에 가라앉는 것. 沈着(잠길 **침**, 입을 **착**) 행동이 들뜨지 않고 찬찬함.
잠잠할 묵	､ ロ ワ 曰 旦 甲 里 里 黒 黒 黒 黙 黙 黙
	默念(잠잠할 **묵**, 생각 **념**) 말없이 가만히 생각함. 默過(잠잠할 **잠**, 지날 **과**) 잘못을 알고도 모르는 체하고 넘김.
고요할 적	､ ｿ 宀 宀 宀 宀 宋 宋 宋 寂 寂
	寂寞(고요할 **적**, 정막할 **막**) 고요하고 쓸쓸한 것. 鬱寂(울창할 **울**, 고요할 **적**) 불평 불만이 발산되지 않고 겹쳐 쌓임.
쓸쓸할 료	､ ｿ 宀 宀 宀 宀 宀 宀 宀 穵 寉 寉 寥 寥
	①쓸쓸하다. ②텅비다. ③하늘.

沈默寂寥 : 세상에 나와서 교제하는 데도 언행을 침착하게 가져야 한다.

索居閑處 : 퇴직하여 한가한 곳을 찾아 세상을 보냈다.

沈默寂寥 : 세상에 나와서 교제하는 데도 언행을 침착하게 가져야 한다.

求古尋論		
	구할 구	一 十 十 才 才 求 求
		求職(구할 **구**, 벼슬 **직**) 일자리를 구하는 것. 救命(구할 **구**, 목숨 **명**) 생명을 구함.
	옛 고	一 十 十 古 古
		古都(옛 **고**, 도읍 **도**) 오래된 도시. 太古(클 **태**, 옛 **고**) 아주 오랜 옛날.
	찾을 심	ㄱ ㅋ ㅋ ㅋ ㅋ ㅋ ㅋ 큐 큐 큐 큐 尋 尋
		尋訪(찾을 **심**, 찾을 **방**) 방문하여 찾아봄.
	의논할 논	一 二 三 三 言 言 言 診 診 論 論 論 論 論 論
		論說(의논할 **논**, 말씀 **설**) 사물의 내용이나 이치를 논하여 서술하는 것. 또는 그 문장.

求古尋論 : 항상 옛 성현들이 남기고 간 여러가지 책속에서 진리를 찾고 학문을 토론하여야 한다.

散慮逍遙		
	흩어질 산	一 十 艹 艹 艹 甘 甘 昔 昔 昔 散 散
		散發(흩어질 **산**, 필 **발**) 때때로 일어나는 것. 散文(흩어질 **산**, 글월 **문**) 자유로운 형식으로 쓴 글.
	생각 려	ㆍ ㅏ ㅏ 广 广 店 店 店 店 庿 庿 庿 慮 慮 慮
		思慮(생각 **사**, 생각 **려**) 일에 대하여 주의깊게 생각하는 것. 心慮(마음 **심**, 생각 **려**) 깊이 생각하는 일.
	노닐 소	ㅣ ㅗ ㅛ ㅛ 肖 肖 肖 肖 消 消 逍
		逍遙(노닐 **소**, 멀 **요**) 목적 없이 슬슬 돌아다님.
	멀 요	㇒ ㇉ 夕 夕 夕 歹 斊 斊 益 遙 遙 遙
		遙望(멀 **요**, 바랄 **망**) 멀리 바라봄. 遙遠(멀 **요**, 멀 **원**) 아득히 멂.

散慮逍遙 : 마음 속의 번뇌망상을 다 흩어버리면 자유롭게 달인의 경지를 거닐 수 있다. 초세간(超世間)의 생활의 도를 말하는 것이다.

求古尋論

求古尋論 : 항상 옛 성현들이 남기고 간 여러가지 책속에서 진리를 찾고 학문을 토론하여야 한다.

散慮逍遙

散慮逍遙 : 마음 속의 번뇌망상을 다 흩어버리면 자유롭게 달인의 경지를 거닐 수 있다. 초세간(超世間)의 생활의 도를 말하는 것이다.

欣	기쁠 흔	′ ⺅ ⺅ 斤 斤′ 斤' 欣 欣
		欣快(기쁠 **흔**, 쾌할 **쾌**) 기쁘고 유쾌함.
奏	아뢸 주	ー 二 三 丰 夫 表 表 奏 奏
		奏樂(아뢸 **주**, 풍류 **악**) 음악을 연주함.
		奏效(아뢸 **주**, 본받을 **효**) 효력을 나타냄.
累	여러 누	ヽ 冂 田 用 田 田 甲 罡 罡 累 累 累
		累進(여러 **누**, 나갈 **진**) 차례로 오름.
		累計(여러 **누**, 셈할 **계**) 소계를 계속하여 덧붙여 더하는 것.
遣	보낼 견	ヽ 冂 口 中 虫 虫 串 串 貴 貴 贵 渍 遣 遣
		派遣(나눠나갈 **파**, 보낼 **견**) 일정한 임무를 주어서 사람을 내보내는 것.

欣奏累遣 : 살아가면서 번거롭고 귀찮은 일들을 보내버리고 속된 욕심을 없애면, 기쁘고 즐거운 일들이 모여들어 모든 잡념이 사라지는 법이다.

慼	슬플 척	┃ ┃ ┤ ┤ 忄 忄 忄 忄 忄 忄 忄 悝 悝 慼 慼 慼
		愁慼(근심 **수**, 슬플 **척**) 근심하여 슬퍼함.
謝	사례 사	ー 二 三 言 言 言 訁 訁 詝 詝 謝 謝 謝 謝
		謝恩(사례 **사**, 은혜 **은**) 받은 은혜에 대해 사례함.
		謝意(사례 **사**, 뜻 **의**) 감사히 여기는 뜻.
歡	기쁠 환	` ヽ 夕 吅 苎 芇 芇 萑 萑 雚 雚 歡 歡 歡
		歡迎(기쁠 **환**, 맞을 **영**) 기쁜 마음으로 맞는 것.
		歡送(기쁠 **환**, 보낼 **송**) 좋은 일로 가는 사람을 기쁘게 보내는 것.
招	부를 초	ー 十 十 扌 扚 扚 招 招
		招聘(부를 **초**, 부를 **빙**) 예로 초청하여 부름.
		招來(부를 **초**, 올 **래**) 어떤 결과를 가져오게 함.

慼謝歡招 : 척사(慼謝)란 마음의 슬픔이 스스로 물러가는 것이니, 위와 같이 행하면 슬픔은 스스로 물러나고 기쁨은 부르지 않아도 찾아온다는 말이다.

欣奏累遣 : 살아가면서 번거롭고 귀찮은 일들을 보내버리고 속된 욕심을 없애면, 기쁘고 즐거운 일들이 모여들어 모든 잡념이 사라지는 법이다.

慼謝歡招 : 척사(慼謝)란 마음의 슬픔이 스스로 물러가는 것이니, 위와 같이 행하면 슬픔은 스스로 물러나고 기쁨은 부르지 않아도 찾아온다는 말이다.

渠荷的歷

渠	개천 거	` ` ㇒ ㇒ 氵 汀 沪 沪 洰 渠 渠 渠 ①도랑. ②크다. ③우두머리.
荷	연 하	一 十 卄 丱 丱 艹 艻 茾 荷 荷 荷 荷物(연 **하**, 만물 **물**) 자동차 배 등으로 실어 나르는 짐. 荷役(연 **하**, 부릴 **역**) 짐을 싣고 내리고 하는 일.
的	밝을 적	′ 亻 冂 自 白 白 的 的 的確(밝을 **적**, 확실할 **확**) 의심할 나위 없이 확실함. 的中(밝을 **적**, 가운데 **중**) 딱 들어 맞음.
歷	역력할 력	丿 厂 厂 厂 厃 歴 歴 歴 厤 厤 歴 歴 歷 歷 歷代(역력할 **역**, 대신 **대**) 이어 내려온 여러 대. 歷任(역력할 **역**, 믿을 **임**) 여러 벼슬을 차례로 거쳐 지내는 것.

渠荷的歷 : 개천에 연꽃이 만발하여 그 아름다움이 어느 것에도 비길 데가 없다는 말이다.

園莽抽條

園	동산 원	丨 冂 冂 門 門 門 閂 閇 園 園 園 園 園藝(동산 **원**, 재주 **예**) 채소·화초·과목 등을 심어 가꾸는 일. 公園(귀 **공**, 동산 **원**) 공공의 휴식을 위한 정원, 동산.
莽	풀 망	一 十 卄 丱 丱 艹 芖 莁 莽 莽 莽 ①풀이 우거지다. ②멀다. 아득하다. ③풀, 잡초.
抽	빼낼 추	一 十 扌 扌 扣 扣 抽 抽 推理(빼낼 **추**, 이치 **리**) 미루어 생각하는 것. 類推(같을 **류**, 빼낼 **추**) 유사한 점에 의해 다른 것을 추측하는 것.
條	가지 조	ノ 亻 亻 伫 伫 伫 伀 伀 修 條 條 條件(가지 **조**, 사건 **건**) 어떤 일에 필요한 요소. 條目(가지 **조**, 눈 **목**) 낱낱의 조나 항목.

園莽抽條 : 동산에 오르니 풀들이 무성하여 초목의 작은 가지들이 사방으로 뻗어 있다.

渠荷的歷 : 개천에 연꽃이 만발하여 그 아름다움이 어느 것에도 비길 데가 없다는 말이다.

園莽抽條 : 동산에 오르니 풀들이 무성하여 초목의 작은 가지들이 사방으로 뻗어 있다.

枇	나무 비	一 十 才 木 ポ 朼 朼 枇
		비파나무. 상록 관목인 과수.
杷	나무 파	一 十 才 木 朳 朳 朳 杷
		①비파나무. ②갈퀴모양의 농구. ③써레.
晩	늦을 만	丨 冂 日 日 日' 旷 昤 昤 晗 晚 晚
		晩秋(늦을 **만**, 가을 **추**) 늦은 가을.
		晩年(늦을 **만**, 해 **년**) 늦바람. 노후.
翠	푸를 취	丁 丆 羽 羽 羽 羽 羽 翠 翠 翠 翠 翠
		翠扇(푸를 **취**, 부채 **선**) 푸른 빛의 부채.
		翠影(푸를 **취**, 그림자 **영**) 파란 초목의 그림자.

枇杷晩翠 : 굽힐 줄 모르는 절개를 상징하는 비파나무는 별로 아름다운 나무는 아니지만, 늦도록 푸르름이 변치 않는다.

梧	오동 오	一 十 才 木 朴 杧 柘 柘 梧 梧
		梧桐(오동 **오**, 오동 **동**) 오동나무.
桐	오동 동	一 十 才 木 朴 利 机 桐 桐 桐
		오동나무.
早	이를 조	丨 冂 冃 日 旦 早
		早朝(이를 **조**, 아침 **조**) 이른 아침.
		早晩(이를 **조**, 늦을 **만**) 이름과 늦음.
凋	시들 조	丶 冫 冫 汀 汈 汈 凋 凋 凋 凋
		凋落(시들 **조**, 떨어질 **락**) 초목의 잎이 시들어 떨어지는 것.

梧桐早凋 : 고상한 절개를 상징하는 오동나무는 그 잎이 커다랗고 무성하지만 비파나무와는 반대로 다른 나무보다 일찍 시들어 말라 떨어진다.

枇杷晩翠 : 굽힐 줄 모르는 절개를 상징하는 비파나무는 별로 아름다운 나무는 아니지만, 늦도록 푸르름이 변치 않는다.

梧桐早凋 : 고상한 절개를 상징하는 오동나무는 그 잎이 커다랗고 무성하지만 비파나무와는 반대로 다른 나무보다 일찍 시들어 말라 떨어진다.

오랠 진	丶 丨 ㅏ ㅏ 阝 阝 阡 阿 陣 陳 陳 陳腐(오랠 진, 썩을 부) 케케묵고 낡음. 陳謝(오랠 진, 끊을 사) 사과의 말을 함.
뿌리 근	一 十 オ 木 杧 杧 村 柑 根 根 根幹(뿌리 근, 줄기 간) 뿌리와 줄기, 중요한 기본. 根據(뿌리 근, 의거할 거) 근본이 되는 거점.
맡길 위	一 二 千 禾 禾 矛 委 委 委託(맡길 위, 부탁할 탁) 부탁하여 책임을 맡김. 委任(맡길 위, 맡을 임) 일처리를 다른 사람에게 맡김.
가릴 예	一 厂 ㅌ 工 安 医 医' 医几 医殳 医殳 医殳 医殳 ①가리다. 덮다. ②그늘. ③머리위에 얹다. ④해를 가리는 양산.

陳根委翳 : 앙상한 나무의 뿌리는 오래 내버려 두면 저절로 말라 쓸모가 없어진다.

떨어질 락	一 亠 ㅛ ㅛ 艹 艾 艾 茨 茨 落 落 落雷(떨어질 낙, 우뢰 뢰) 벼락이 떨어지는 것. 墜落(떨어질 추, 떨어질 락) 높은 곳에서 떨어지는 것.
잎사귀 엽	一 亠 ㅛ 艹 艹 带 苹 苹 葉 葉 葉 葉書(잎사귀 엽, 글 서) 우편엽서. 葉菜(잎사귀 엽, 나물 채) 주로 잎을 먹는 채소.
날릴 표	一 丆 两 两 西 覀 覀 票 票 票 飘 飘 飘 飄 飄泊(날릴 표, 쉴 박) 고향을 떠나 정처 없이 떠돌아 다님. 飄風(날릴 표, 바람 풍) ①회오리 바람. ②바람에 나부낌.
날릴 요	勹 夕 夕 乤 乤 爭 丞 舀) 䍃几 䍃凡 䍃風 䍃風 䍃風 䍃俗(날릴 요, 풍속 속) 가요와 풍속.

落葉飄䍃 : 가을이 되어 찬바람이 불면, 나뭇잎은 낙엽이 되어 가을 바람에 이리저리 나부낀다.

陳根委翳 : 앙상한 나무의 뿌리는 오래 내버려 두면 저절로 말라 쓸모가 없어진다.

落葉飄颻 : 가을이 되어 찬바람이 불면, 나뭇잎은 낙엽이 되어 가을 바람에 이리저리 나부낀다.

遊鵾獨運

놀 유	丶 丶 方 方 方 㳄 斿 斿 `斿 㳺 游 遊
	遊覽(놀 유, 볼 람) 돌아다니며 구경하는 것.
	外遊(밖 외, 놀 유) 외국에 여행하는 것.

고니 곤	丶 冂 日 日 旦 昆 昆` 昆 鹍 鹍 鵾 鵾 鵾
	고니.

홀로 독	丶 丶 丶 犭 犭 犭 犭 狎 狎 獨 獨 獨 獨
	獨創(홀로 독, 비롯할 창) 독자적으로 창조, 창안함.
	獨裁(홀로 독, 판결할 재) 홀로 모든 것을 판단하고 처리함.

움직일 운	丶 冖 冖 冃 冃 軍 軍 軍 運 運
	運輸(움직일 운, 실어낼 수) 화물, 여객 등을 실어 나름.
	運動(움직일 운, 움직일 동) ①물체가 움직이는 것. ②체조나 체육.

遊鵾獨運 : 희고 고상한 모습으로 선비를 상징하는 고니가 유유히 하늘 높이 올라, 넓고 넓은 창공을 홀로 나는 모습을 말한다.

凌摩絳霄

업신여길 릉	丶 丶 冫 冫 冫 冫 冫 凌 凌 凌
	凌辱(업신여길 능, 욕될 욕) 업신여겨 욕보이는 것.
	凌蔑(업신여길 능, 없을 멸) 업신여겨 깔보는 것.

미칠 마	丶 亠 广 广 广 广 庐 庐 麻 麻 摩 摩 摩
	摩擦(미칠 마, 문지를 찰) 서로 비비는 것.
	撫摩(어루만질 무, 미칠 마) 어루만져 위로함.

붉을 강	乛 幺 幺 糸 糸 糸 紅 紅 絞 絞 絳
	絳羅(붉을 강, 벌릴 라) 진홍색의 얇고 고운 명주.

하늘 소	丶 宀 宀 虍 虍 卤 卤 臿 靑 靑 霄
	①하늘. ②구름.

凌摩絳霄 : 고니가 햇살을 받으며 나는 모습은 너무도 아름다와서 아침 노을보다도 더욱 돋보인다.

遊鵾獨運 : 희고 고상한 모습으로 선비를 상징하는 고니가 유유히 하늘 높이 올라, 넓고 넓은 창공을 홀로 나는 모습을 말한다.

凌摩絳霄 : 고니가 햇살을 받으며 나는 모습은 너무도 아름다와서 아침 노을보다도 더욱 돋보인다.

耽讀翫市

즐길 탐	丨 冂 冂 月 月 月 盯 盯 耽
	耽溺(즐길 **탐**, 빠질 **닉**) 어떤 일을 몹시 즐겨 거기에 빠지는 것.
	耽讀(즐길 **탐**, 읽을 **독**) 다른 것을 잊을 만큼 독서에 열중함.

읽을 독	亠 ㄹ 言 言 計 計 詰 詰 詰 請 請 讀 讀 讀
	讀書(읽을 **독**, 책 **서**) 책을 읽는 것.
	速讀(빠를 **속**, 읽을 **독**) 책 따위를 빨리 읽는 것.

구경할 완	(필순)
	①구경하다. ②즐거워하다. ③노리개. ④가지고 놀다. 되풀이하다.

시장 시	丶 亠 亍 市
	市場(시장 **시**, 마당 **장**) 상품의 판매가 이루어지는 특정 장소.
	市廳(시장 **시**, 관청 **청**) 시의 행정 사무를 맡아보는 곳.

耽讀翫市 : 후한 때의 왕충(王充)은 가난하여 책을 살 수 없었으므로, 낙양의 시장에 있는 책가게 앞에 서서 읽고 싶은 책을 읽었다.

寓目囊箱

붙일 우	丶 宀 宀 宀 宇 宇 宮 宮 寓 寓 寓
	寓居(붙일 **우**, 살 **거**) 정착되지 아니하고 임시로 거주함.
	寓話(붙일 **우**, 이야기 **화**) 풍자와 교훈의 뜻을 나타내는 이야기.

눈 목	丨 冂 冂 目 目
	目的(눈 **목**, 밝을 **적**) 실현하려고 지향하는 일이나 곳.
	目前(눈 **목**, 앞 **전**) 눈 앞. 바로 앞을 말함.

주머니 낭	(필순)
	背囊(등 **배**, 주머니 **낭**) 물건을 담아서 등에 질 수 있도록 만든 주머니.

상자 상	丿 ⺮ 竹 竹 竹 竹 竹 筣 箝 箱 箱 箱
	箱子(상자 **상**, 아들 **자**) 물건을 넣어두기 위하여 나무·대·종이 따위로 만든 손그릇.

寓目囊箱 : 그는 워낙 영리하여 한 번만 읽어도 그 내용을 기억하여, 마치 소중한 것을 주머니나 상자 속에 넣어둔 것처럼 그것을 잊지 않았다.

眈讀翫市 : 후한 때의 왕충(王充)은 가난하여 책을 살 수 없었으므로, 낙양의 시장에 있는 책가게 앞에 서서 읽고 싶은 책을 읽었다.

寓目囊箱 : 그는 워낙 영리하여 한 번만 읽어도 그 내용을 기억하여, 마치 소중한 것을 주머니나 상자 속에 넣어둔 것처럼 그것을 잊지 않았다.

易	쉬울 이	丨 冂 冃 日 旦 昌 易 易
		簡易(간략할 **간**, 쉬울 **이**) 간략하고 쉬움.
輶	가벼울 유	一 亅 百 亘 車 車' 車^ 軔 軔 軔 輶 輶 輶
		수레가 가벼움.
攸	바 유	丿 亻 亻| 价 价 攸 攸
		攸然(바 **유**, 그럴 **연**) 느긋하고 유유한 모습.
畏	두려울 외	丨 冂 冂 田 田 甼 畀 畏
		畏敬(두려울 **외**, 공경할 **경**) 두려워하여 공경함.

易輶攸畏 : 아무리 쉽고 가벼운 일이라도 경솔하게 대하지 말고, 하찮은 일이라도 조심하여 항상 두려워하고 실수없이 처리하여야 한다.

屬	붙일 속	一 尸 尸 尸 屛 屛 屬 屢 屬 屬 屬 屬
		金屬(쇠 **금**, 붙일 **속**) 쇠붙이. 軍屬(군사 **군**, 붙일 **속**) 군무원의 옛말.
耳	귀 이	一 丅 下 F 耳 耳
		耳目(귀 **이**, 눈 **목**) ①귀와 눈. ②남들의 주의. 耳順(귀 **이**, 순할 **순**) 나이 예순을 일컫는 말.
垣	담 원	一 十 土 圢 圬 垣 垣 垣 垣
		垣有耳(담 **원**, 있을 **유**, 귀 **이**) 담에 귀가 있다는 뜻으로 비밀히 한 이야기가 새어나가기 쉬움을 이르는 말.
墻	담 장	一 十 土 圹 圹 圬 坩 垃 垮 墻 墻 墻 墻 墻
		①담. 경계. ②사물을 나누어 놓은 경계.

屬耳垣墻 : 마치 담장에 누군가 귀를 붙이고 있는 것처럼 귓속말이라도 늘 조심해서 해야 한다.

易輶攸畏 : 아무리 쉽고 가벼운 일이라도 경솔하게 대하지 말고, 하찮은 일이라도 조심하여 항상 두려워하고 실수없이 처리하여야 한다.

屬耳垣墻 : 마치 담장에 누군가 귀를 붙이고 있는 것처럼 귓속말이라도 늘 조심해서 해야 한다.

具膳飱飯	갖출 구	丨 冂 冃 月 目 且 具 具
		具備(갖출 **구**, 갖출 **비**) 빠짐없이 모두 갖춤. 具格(갖출 **구**, 격식 **격**) 격식을 갖춤.
	반찬 선	丿 冂 月 月 月' 月" 月^ 胖 胖 脺 膳 膳 膳 膳
		膳物(반찬 **선**, 만물 **물**) 선사하는 물건. 膳服(반찬 **선**, 옷 **복**) 음식과 의복.
	밥 손	丶 丶 丶 亼 亼 仝 仝 仝 飡 飡 飡
		①저녁밥. ②밥. 간식. ③말다. 밥을 물이나 국에 맒. 또는 그 밥.
	밥 반	丿 人 人 今 今 今 仺 仺 食 食ˉ 飣 飯 飯
		飯酒(밥 **반**, 술 **주**) 밥에 곁들여서 먹는 술. 飯器(밥 **반**, 그릇 **기**) 밥그릇.

具膳飱飯 : 군자는 먹는 것에 배부름을 구하지 않고, 아무렇게나 먹지 않으며 반드시 정성스럽게 차린 반찬과 밥을 준비하고 예의를 갖추어 먹어야 한다.

適口充腸	맞을 적	丶 亠 亠 亠 产 产 芮 芮 芮 商 商 滴 滴 適
		適格(맞을 **적**, 격식 **격**) 격식에 들어맞음. 適齡(맞을 **적**, 나이 **령**) 표준이나 규정에 적당한 나이.
	입 구	丨 冂 口
		口味(입 **구**, 맛 **미**) 입맛. 口號(입 **구**, 이름 **호**) 어떤 주장을 나타내는 간결한 말.
	채울 충	丶 亠 士 玄 产 充
		充分(채울 **충**, 나눌 **분**) 모자람이 없이 넉넉함. 充實(채울 **충**, 열매 **실**) 가득 참. 또는 가득 채움.
	창자 장	丿 冂 月 月' 月" 月^ 胆 胆 腭 腸 腸
		斷腸(끊을 **단**, 창자 **장**) 몹시 슬퍼 창자가 끊어지는 듯함. 肝腸(간 **간**, 창자 **장**) 간과 창자.

適口充腸 : 음식은 꼭 진수성찬이어야 하는 것이 아니고, 자기 입에 맞아 맛있게 먹으면 되고 최소한의 배고픔만 해결하면 그만인 것이다.

具膳飡飯

具膳飡飯 : 군자는 먹는 것에 배부름을 구하지 않고, 아무렇게나 먹지 않으며 반드시 정성스럽게 차린 반찬과 밥을 준비하고 예의를 갖추어 먹어야 한다.

適口充腸

適口充腸 : 음식은 꼭 진수성찬이어야 하는 것이 아니고, 자기 입에 맞아 맛있게 먹으면 되고 최소한의 배고픔만 해결하면 그만인 것이다.

飽	배부를 포	ノ ㇏ ㇒ 今 今 今 食 食 食 飠 飠 飠 飽
		飽食(배부를 **포**, 먹을 **식**) 배불리 먹음.
		飽滿(배부를 **포**, 찰 **만**) 배가 불러서 가득 참.
飫	배부를 어	ノ ㇏ ㇒ 今 今 今 食 食 食 飠 飠 飫 飫
		①실컷 먹음. ②잔치.
烹	삶을 팽	ヽ 亠 亠 吉 吉 亨 亨 亨 烹 烹
		烹卵(삶을 **팽**, 알 **란**) 삶은 계란.
		烹熟(삶을 **팽**, 익을 **숙**) 충분히 삶음.
宰	재상 재	ヽ ハ 宀 宀 宀 宁 宰 宰 宰
		宰相(재상 **재**, 서로 **상**) 재상.
		宰老(재상 **재**, 늙을 **로**) 국정을 다스리는 늙은 신하.

飽飫烹宰 : 배가 부를 때에는 아무리 좋은 음식이라도 그 맛을 모른다.

飢	주릴 기	ノ ㇏ ㇒ 今 今 今 食 食 食 飢 飢
		飢餓(주릴 **기**, 굶을 **아**) 굶주림.
厭	싫을 염	ノ 厂 厂 厂 厂 厂 厭 厭 厭 厭 厭 厭 厭
		厭症(싫을 **염**, 병증세 **증**) 싫증.
		厭世(싫을 **염**, 인간 **세**) 세상을 괴롭고 귀찮게 여김.
糟	재강 조	ヽ ㇒ 丷 半 米 米 糒 粐 粬 糟 糟 糟 糟
		糟糠(재강 **조**, 겨 **강**) 술 재강과 쌀겨. 즉 변변치 않은 음식.
糠	겨 강	ヽ ㇒ 丷 半 米 米 粁 粁 粁 粁 糠 糠 糠 糠
		糠粃(겨 **강**, 쭉정이 **비**) 겨와 쭉정이. 거친 식사.

飢厭糟糠 : 반대로 배가 고플 때에는 겨와 재강이라도 맛이 있다.

飽飫烹宰

飽飫烹宰 : 배가 부를 때에는 아무리 좋은 음식이라도 그 맛을 모른다.

飢厭糟糠

飢厭糟糠 : 반대로 배가 고플 때에는 겨와 재강이라도 맛이 있다.

親戚故舊

친할 친	亠 立 产 辛 辛 亲 亲 新 新 新 親 親 親
	親睦(친할 **친**, 화목할 **목**) 서로 친하여 화목함. 親密(친할 **친**, 빽빽할 **밀**) 지내는 사이가 가깝고 친함.

겨레 척	丿 厂 厂 厂 厂 厂 斤 斤 戚 戚 戚
	親戚(친할 **친**, 겨레 **척**) ①친족과 외척. ②성이 다른 일가붙이.

연고 고	一 十 十 古 古 古 故 故
	故障(연고 **고**, 막힐 **장**) 정상적 작용에 지장을 주는 탈. 故舊(연고 **고**, 옛 **구**) 오래 전부터 사귄 친구.

옛 구	艹 艹 艹 艹 艹 苎 苴 萑 萑 舊 舊 舊 舊 舊
	舊慣(옛 **구**, 익숙할 **관**) 예전부터 전해오는 관례. 舊習(옛 **구**, 익힐 **습**) 옛적 버릇.

親戚故舊 : 친은 동성지친이고 척은 이성지친이라. 고구는 옛 친구를 말한다.

老少異糧

늙을 로	一 十 土 耂 耂 老
	老患(늙을 **노**, 근심 **환**) 노인병. 老練(늙을 **노**, 익힐 **련**) 경험을 쌓아 일에 숙달함.

젊을 소	丿 小 小 少
	少量(젊을 **소**, 헤아릴 **량**) 적은 분량. 少時(젊을 **소**, 때 **시**) 젊을 때.

다를 이	丨 口 田 田 田 甼 畀 畁 異 異
	異性(다를 **이**, 성품 **성**) ①다른 성질. ②남자와 여자. 驚異(놀랠 **경**, 다를 **이**) 놀라움. 놀라서 이상하게 여김.

양식 량	丷 丷 半 米 米 籵 籵 粆 粮 粮 糧 糧 糧 糧
	糧穀(양식 **양**, 곡식 **곡**) 양식으로 사용하는 곡식. 糧米(양식 **양**, 쌀 **미**) ①군량미. ②양식으로 쓰는 쌀.

老少異糧 : 늙은이와 젊은이의 식사가 다르다.

親戚故舊

親戚故舊 : 친은 동성지친이고 척은 이성지친이라, 고구는 옛 친구를 말한다.

老少異糧

老少異糧 : 늙은이와 젊은이의 식사가 다르다.

妾御績紡	첩 **첩**	、亠亠立产妾妾
		妾室(첩 **첩**, 집 **실**) 첩을 점잖게 일컫는 말. 妾子(첩 **첩**, 아들 **자**) 서자(庶子).
	모실 **어**	ノ ㄱ 彳 彳 彳 彳 徉 徉 徉 御 御
		御命(임금 **어**, 목숨 **명**) 임금의 명령. 御駕(임금 **어**, 멍에 **가**) 임금이 타는 수레.
	쌓을 **적**	＜ ＜＜ ＜＜ ＜ 幺 糸 糸 糸 糸 紒 紒 績 績 績 績 績 績
		績女(쌓을 **적**, 계집 **녀**) 실을 잣는 여자. 實績(열매 **실**, 쌓을 **적**) 실제의 업적. 공적.
	길쌈 **방**	＜ ＜＜ ＜＜ ＜ 幺 糸 糸 糸 紒 紡 紡
		紡績(길쌈 **방**, 쌓을 **적**) 섬유를 가공하여 실을 만드는 일. 毛紡(털 **모**, 길쌈 **방**) 털실로 모직물을 짜는 일의 총칭.

妾御績紡 : 남자는 밖에서 일하고 여자는 안에서 길쌈을 짠다.

侍巾帷房	모실 **시**	ノ 亻 亻 亻 仕 仕 侍 侍
		侍女(모실 **시**, 계집 **녀**) 시중을 드는 여자. 侍下(모실 **시**, 아래 **하**) 부모나 조부모가 살아있는 가정 환경.
	수건 **건**	丨 冂 巾
		手巾(손 **수**, 수건 **건**) 얼굴이나 몸을 닦기 위해 만든 헝겊 조각. 頭巾(머리 **두**, 수건 **건**) 남자 상제가 상중에 쓰는, 베로 만든 쓰개.
	장막 **유**	冂 巾 帅 帅 帷 帷 帷
		①휘장. 장막. ②널에 치는 덮개. ③수레에 치는 덮개.
	방 **방**	′ ` ㅋ 戶 戶 房 房
		房中(방 **방**, 가운데 **중**) 방의 안. 방내. 獨房(홀로 **독**, 방 **방**) 혼자서 쓰는 방. 독실.

侍巾帷房 : 유방에서 모시고 수건을 받드니 처첩의 하는 일이다.

妾御績紡：남자는 밖에서 일하고 여자는 안에서 길쌈을 짠다.

侍巾帷房：유방에서 모시고 수건을 받드니 처첩의 하는 일이다.

紈	흰깁 환	〻 幺 乡 糸 糸 紀 紈 紈
		흰 깁. 희고 올이 가는 생견.
扇	부채 선	一 亍 亐 戶 戶 戶 扃 扇 扇 扇
		太極扇(클 **태**, 지극할 **극**, 부채 **선**) 태극 모양이 새겨진 둥근 부채.
圓	둥글 원	丨 冂 冂 冂 冃 冃 冃 冎 围 圓 圓 圓
		圓滿(둥글 **원**, 찰 **만**) 모난 데가 없이 둥글둥글하고 복스러움.
		圓活(둥글 **원**, 살 **활**) 일이 막힘이 없이 순조로움.
潔	밝을 결	丶 冫 氵 沪 沣 浐 浐 浐 渵 潔 潔 潔 潔
		潔白(맑을 **결**, 흰 **백**) 깨끗하고 흰 상태.
		純潔(순전할 **순**, 맑을 **결**) 더러움이 없이 깨끗한 것.

紈扇圓潔 : 깁부채는 둥글고 조촐하다.

銀	은 은	丿 𠆢 𠂉 全 全 金 金 釒 釕 鈤 鉀 鈤 銀
		銀行(은 **은**, 갈 **행**) 은행.
		銀貨(은 **은**, 재물 **화**) 은으로 만든 돈.
燭	촛불 촉	丶 丷 丬 火 火 灯 灯 灯 灯 烟 熠 熠 燭 燭
		燭臺(촛불 **촉**, 집 **대**) 초를 꽂아 놓는 기구.
		燭光(촛불 **촉**, 빛 **광**) 불의 밝기를 나타내는 단위.
煒	빛날 위	丶 丷 丬 火 火 火 炉 炉 炐 焯 焯 煒 煒
		①빨갛다. 붉은 빛. ②매우 밝은 모양.
煌	빛날 황	丶 丷 丬 火 火 火 炉 炉 炉 炮 煋 煌 煌
		輝煌(빛날 **휘**, 빛날 **황**) 광채가 빛나서 눈이 부시다.

銀燭煒煌 : 은촛대의 촛불은 빛나서 휘황찬란하다.

紈扇圓潔

紈扇圓潔 : 깁부채는 둥글고 조촐하다.

銀燭煒煌

銀燭煒煌 : 은촛대의 촛불은 빛나서 휘황찬란하다.

晝	낮 주	一 丆 聿 聿 書 書 書 書 書 書
		晝夜(낮 **주**, 밤 **야**) 낮과 밤. 白晝(흰 **백**, 낮 **주**) 환한 대낮.
眠	잘 면	ㅣ 冂 冃 目 目' 目' 盯 眄 眠
		睡眠(졸 **수**, 잘 **면**) 잠을 자는 것. 永眠(길 **영**, 잘 **면**) 영원히 잠자는 것. 죽음.
夕	저녁 석	丿 ク 夕
		夕陽(저녁 **석**, 볕 **양**) ①저녁 햇볕. ②해 질 무렵. 夕刊(저녁 **석**, 새길 **간**) 저녁때에 발행하는 신문.
寐	잘 매	丶 丶 宀 宀 宀 宀 宀 宵 宵 宿 寐 寐
		寤寐(잠깰 **오**, 잘 **매**) 깨어 있을 때나 잘 때나. 夢寐(꿈 **몽**, 잘 **매**) 잠을 자면서 꿈을 꿈.

晝眠夕寐 : 낮에 낮잠자고 밤에 일찍 자니 한가한 사람의 일이다.

藍	쪽 람	艹 艹 艹 茫 萨 萨 薜 薜 藍 藍
		藍色(쪽 **남**, 빛 **색**) 쪽빛.
筍	대순 순	丿 ⺮ ⺮ ⺮ ⺮ ⺮ 竺 竺 笱 笱 筍
		竹筍(대 **죽**, 대순 **순**) 대의 땅속 줄기에서 자라나는 어린 순.
象	코끼리 상	丿 𠂊 𠂊 𠂊 𠂊 兔 兔 兔 象 象 象
		象牙(코끼리 **상**, 어금니 **아**) 코끼리의 윗턱에서 길게 뻗은 두 개의 앞니.
床	상 상	丶 亠 广 广 庁 床 床
		起床(일어날 **기**, 상 **상**) 잠자리에서 일어남. 寢床(잠잘 **침**, 상 **상**) 누워서 잘 수 있게 만든 평상.

藍筍象床 : 푸른 대순과 코끼리 상이니 즉, 한가한 사람의 침상이니라.

晝眠夕寐 : 낮에 낮잠자고 밤에 일찍 자니 한가한 사람의 일이다.

藍筍象床 : 푸른 대순과 코끼리 상이니 즉, 한가한 사람의 침상이니라.

絃	줄 현	ㄥ ㄠ ㅁ 幺 糸 糸 糸' 糸- 紆 紆 絃
		絃樂(줄 **현**, 풍류 **악**) 현악기로 연주하는 음악.
歌	노래 가	一 ㄇ ㅁ ㅁ 可 丂 哥 哥 哥 哥' 歌 歌 歌
		歌曲(노래 **가**, 굽을 **곡**) 노래와 곡조. 歌舞(노래 **가**, 춤출 **무**) 노래와 춤.
酒	술 주	丶 丶 氵 汀 沂 沂 洒 洒 酒
		酒量(술 **주**, 헤아릴 **량**) 마시고 견디어 낼 만한 술의 분량. 飮酒(마실 **음**, 술 **주**) 술을 마시는 것.
讌	잔치 연	一 ㄜ 言 言 言 言 言 訁 訁 訁 訁 諶 諶 讌
		①잔치. 주연. 잔치하다. ②모여서 환담하다.

絃歌酒讌 : 거문고를 타며 술과 노래로 잔치하니.

接	이을 접	一 † ㅊ ㅊ' 扩 扩 护 护 接 接 接
		接續(이을 **접**, 이을 **속**) 맞대어서 잇는 것. 迎接(맞을 **영**, 이을 **접**) 손님을 맞아서 응접하는 것.
杯	잔 배	一 † ㅊ 木 杧 朾 杯 杯
		乾杯(마를 **건**, 잔 **배**) 술잔을 들어 서로의 건강이나 행복 등을 빌며 술을 마시는 것.
擧	들 거	ノ ㅌ ㅌㅏ 臼 臼 铂 舠 與 與 與 擧 擧 擧
		擧手(들 **거**, 손 **수**) 손을 위로 들어 올리는 것. 擧國(들 **거**, 나라 **국**) 온 나라. 또는, 온 국민 전체.
觴	잔 상	ノ ㄇ ㄍ 角 角 角 舮 舮 觛 觛 觴 觴
		잔. 술잔의 총칭.

接杯擧觴 : 작고 큰 술잔을 서로 주고 받으며 즐기는 모습이다.

絃歌酒讌 : 거문고를 타며 술과 노래로 잔치하니.

接杯擧觴 : 작고 큰 술잔을 서로 주고 받으며 즐기는 모습이다.

矯手頓足

바로잡을 교	〻 〻 〻 〻 〻 〻 〻 〻 矫 矫 矫 矯 矯 矯
	矯正(바로잡을 **교**, 바를 **정**) 바로잡음. 矯俗(바로잡을 **교**, 풍습 **속**) 잘못된 풍습을 바로잡음.
손 수	〻 〻 〻 手
	手帖(손 **수**, 표제 **첩**) 수첩. 手記(손 **수**, 기록할 **기**) 손으로 적음.
두드릴 돈	〻 〻 〻 屯 屯 屯 屯 頓 頓 頓 頓 頓 頓
	頓智(두드릴 **돈**, 지혜 **지**) 상황에 따라 재치있게 움직이는 슬기. 頓絶(두드릴 **돈**, 끊어질 **절**) 딱 끊어짐.
발 족	〻 口 口 𠯠 𠯠 𠯠 足
	滿足(찰 **만**, 발 **족**) 마음에 흡족함. 手足(손 **수**, 발 **족**) 손과 발.

矯手頓足 : 손을 들고 발을 두드리며 춤을 춘다.

悅豫且康

기쁠 열	丨 丨 忄 忄 忄 忄 忄 忄 悅 悅
	悅樂(기쁠 **열**, 즐길 **락**) 기뻐하고 즐거워하는 것. 喜悅(기쁠 **희**, 기쁠 **열**) 기뻐하고 즐거워 함.
미리 예	〻 𠃍 予 予 予 予 豫 豫 豫 豫 豫 豫 豫
	豫想(미리 **예**, 생각 **상**) 미리 생각하는 것. 豫告(미리 **예**, 알릴 **고**) 미리 알려줌.
또 차	丨 冂 冃 目 且
	重且大(무거울 **중**, 또 **차**, 큰 **대**) 매우 중대함.
편안 강	丶 亠 广 庐 庐 庐 庚 庚 康 康
	康健(편안 **강**, 굳셀 **건**) 굳세고 건전함. 康寧(편안 **강**, 편안할 **녕**) 건강하고 마음이 편안함.

悅豫且康 : 이상과 같이 마음 편히 즐기고 살면 단란한 가정이다.

矯手頓足 矯
手
頓
足

矯手頓足 : 손을 들고 발을 두드리며 춤을 춘다.

悅豫且康 悅
豫
且
康

悅豫且康 : 이상과 같이 마음 편히 즐기고 살면 단란한 가정이다.

嫡	맏 적	〈 〈 女 女 女 女 女 妒 娇 娇 嫡 嫡 嫡 嫡
		嫡子(맏 **적**, 아들 **자**) 정실 부인의 맏아들.
後	뒤 후	' ク 彳 彳 彳 彳 彳 後 後 後
		後代(뒤 **후**, 대신 **대**) 뒤의 세대. 장래의 세상. 후세.
		最後(가장 **최**, 뒤 **후**) 맨 마지막.
嗣	이을 사	` 冂 冂 冂 冃 冃 冊 嗣 嗣 嗣 嗣 嗣 嗣
		嗣君(이을 **사**, 임금 **군**) 뒤를 이은 임금.
續	이을 속	ㄥ 幺 纟 糸 糹 紵 紵 綪 綪 綪 綪 續 續
		續開(이을 **속**, 열 **개**) 일단 멈췄던 회의를 다시 함.
		續出(이을 **속**, 날 **출**) 계속 나옴.

嫡後嗣續 : 적실, 즉 장남은 뒤를 계승하여 대를 잇는다.

祭	제사 제	' ク タ タ ク 奴 奴 祭 祭 祭 祭
		祭典(제사 **제**, 법 **전**) ①제사 의식. ②성대한 대회.
		祭禮(제사 **제**, 예도 **례**) 제사를 지내는 예법이나 예절.
祀	제사 사	一 二 亍 テ 示 示' 祀 祀
		祀天(제사 **사**, 하늘 **천**) 하늘에 제사를 지냄.
		祭祀(제사 **제**, 제사 **사**) 제사.
蒸	찔 증	一 十 艹 艹 艹 芽 莁 茏 菥 蒸 蒸 蒸
		蒸氣(찔 **증**, 기운 **기**) 수증기.
		蒸發(찔 **증**, 필 **발**) 액체나 고체가 그 표면에서 기화함.
嘗	맛볼 상	` ' ' ''' 㗊 㗊 㗊 尚 尚 尚 尚 嘗 嘗 嘗 嘗
		臥薪嘗膽(쉴 **와**, 땔나무 **신**, 맛볼 **상**, 쓸개 **담**) 마음 먹은 일을 위하여 온갖 괴로움을 무릅씀을 이르는 말.

祭祀蒸嘗 : 제사하되 겨울 제사는 증이라 하고 가을 제사는 상이라 한다.

嫡後嗣續 : 적실, 즉 장남은 뒤를 계승하여 대를 잇는다.

祭祀蒸嘗 : 제사하되 겨울 제사는 증이라 하고 가을 제사는 상이라 한다.

稽	조아릴 계	一 二 千 千 千 禾 科 秋 秋 秸 秸 稽 稽 稽
		稽古(조아릴 **계**, 옛 **고**) 옛 도를 자세히 고찰하는 것.
顙	이마 상	(획순)
		①이마. ②조아리다. ③머리.
再	둘 재	一 冂 厅 丙 再 再
		再建(둘 **재**, 지을 **건**) 다시 일으켜 세우는 것. 再生(둘 **재**, 날 **생**) 죽게 되었다가 다시 살아남.
拜	절 배	ノ 二 三 手 手 手 手 拜 拜
		拜禮(절 **배**, 예도 **례**) 절을 하는 예. 崇拜(높을 **숭**, 절 **배**) 우러러 경배하는 것.

稽顙再拜 : 이마를 조아려 선조에게 두번 절한다.

悚	두려울 송	丨 丨 忄 忄 忄 忄 悙 悚 悚 悚
		罪悚(허물 **죄**, 두려울 **송**) 죄스럽고 황송함.
懼	두려울 구	丨 丨 忄 忄 忄 忄 愢 愢 懼 懼 懼 懼
		悚懼(두려울 **송**, 두려울 **구**) 마음에 두렵고 미안함.
恐	두려울 공	一 T 工 卫 巩 巩 巩 恐 恐 恐
		恐怖(두려울 **공**, 두려워할 **포**) 두려움이나 무서움.
惶	두려울 황	丨 丨 忄 忄 忄 忄 怕 怕 怕 惶 惶 惶
		惶恐(두려워할 **황**, 두려울 **공**) 높은 자리에 눌리어 두려움. 惶怯(두려울 **황**, 겁낼 **겁**) 두렵고 겁이 남.

悚懼恐惶 : 송구하고 공황하니 엄숙하고 공경함이 지극하다.

稽顙再拜 : 이마를 조아려 선조에게 두번 절한다.

悚懼恐惶 : 송구하고 공황하니 엄숙하고 공경함이 지극하다.

牋牒簡要

	편지 전	丿 丿 丬 爿 片 片 牂 牂 牋 牋 牋 牋
		①편지. ②종이. ③상소.
	편지 첩	丿 丿 丬 爿 爿 片 片 片 牒 牒 牒 牒 牒
		牒報(편지 **첩**, 갚을 **보**) 상부에 편지로 보고함.
	편지 간	⺮ ... 簡 簡 簡 簡
		書簡(글 **서**, 편지 **간**) 편지. 簡略(편지 **간**, 간략할 **략**) 단출하고 간단하여 복잡하지 아니함.
	구할 요	一 ㄒ 戸 襾 襾 襾 要 要 要
		要求(구할 **요**, 구할 **구**) 얻으려고 청하는 것. 要望(구할 **요**, 바랄 **망**) 간절히 바라는 것.

牋牒簡要 : 글과 편지는 간략함을 요한다.

顧答審詳

	돌아볼 고	` 彐 戸 戸 戸 雇 雇 雇 雇 雇 顧 顧 顧
		顧慮(돌아볼 **고**, 염려할 **려**) 앞일을 염려함. 回顧(돌아올 **회**, 돌아볼 **고**) 지나간 일을 돌이켜 보는 것.
	대답 답	丿 ⺮ ... 答 答 答
		答禮(대답할 **답**, 예도 **례**) 남에게 받은 예(禮)를 도로 갚는 것. 答信(대답할 **답**, 믿을 **신**) 답장.
	살필 심	` 丶 宀 宀 宀 宷 宷 宷 宷 審 審 審 審
		審査(살필 **심**, 사실할 **사**) 자세히 조사하는 것. 審議(살필 **심**, 의논 **의**) 심사하고 토의하는 것.
	자세할 상	一 二 ≡ 言 言 言 言 訁 訁 詳 詳 詳
		詳細(자세할 **상**, 가늘 **세**) 속속들이 자세함. 仔詳(자세할 **자**, 자세할 **상**) 세심하고 찬찬함.

顧答審詳 : 편지의 회답도 자세히 살펴 써야 한다.

牋牒簡要 : 글과 편지는 간략함을 요한다.

顧答審詳 : 편지의 회답도 자세히 살펴 써야 한다.

骸垢想浴	뼈 해	丶 冂 冂 吊 吊 骨 骨 骨 骨 骨 骨 骸 骸 骸
		骸骨(뼈 해, 뼈 골) 몸을 이루고 있는 뼈. 殘骸(남을 잔, 뼈 해) 남아 있는 시체나 물건의 뼈대.
	때 구	一 十 土 圵 圹 圻 垢 垢 垢
		無垢(없을 무, 때 구) 때가 없이 맑음.
	생각할 상	一 十 十 才 木 杧 相 相 相 相 相 想 想 想
		想起(생각할 상, 일어날 기) 지난 일을 생각하여 냄. 感想(느낄 감, 생각할 상) 마음속에 느끼어 일어나는 생각.
	목욕할 욕	丶 丶 氵 氵 沪 浐 浴 浴 浴 浴
		浴室(목욕할 욕, 집 실) 목욕탕을 설비한 방. 浴槽(목욕할 욕, 구유 조) 목욕물을 담는 통.

骸垢想浴 : 몸에 때가 끼면 목욕하기를 생각하며.

執熱願凉	잡을 집	一 十 土 キ 产 호 幸 幸 軋 執 執
		執着(잡을 집, 입을 착) 어떤 일에 마음이 쏠려 매달리는 것. 執念(잡을 집, 생각할 념) 한 가지에만 끈덕지게 마음을 쏟는 것.
	뜨거울 열	一 十 土 キ 夫 幸 幸 軋 執 執 執 熱 熱 熱
		熱狂(뜨거울 열, 미칠 광) 너무 기쁘거나 감동하여 광적으로 흥분하는 것.
	바랄 원	一 厂 厂 厉 厉 原 原 原 原 原 願 願 願 願 願
		願書(바랄 원, 글 서) 청원하는 내용을 적은 서류. 所願(바 소, 바랄 원) 원하는 것. 또는 그 원하는 바.
	서늘할 량	丶 丶 冫 广 广 沪 沪 涼 涼 涼
		納凉(들일 납, 서늘할 량) 여름철에 더위를 피하여 시원함을 맛보는 것.

執熱願凉 : 더우면 서늘하기를 원한다.

骸垢想浴 : 몸에 때가 끼면 목욕하기를 생각하며.

執熱願涼 : 더우면 서늘하기를 원한다.

驢	나귀 려	丆 厂 F E 馬 馬 馿 馿 馿 馿 驢 驢 驢
		驢車(나귀 려, 수레 거) 당나귀가 끄는 수레.
騾	노새 라	丆 F F 馬 馬 馿 馿 馿 騍 騍 騾 騾 騾
		노새.
犢	송아지 독	丿 乀 生 牛 𤘥 𤘧 牿 犢 犢 犢 犢 犢 犢 犢
		犢牛(송아지 독, 소 우) 송아지.
特	특별할 특	丿 乀 生 牛 𤘥 𤘧 牿 牿 特 特
		特權(특별할 특, 권세 권) 특별히 가지는 권리.
		特技(특별할 특, 재주 기) 특별한 재주, 기능.

驢騾犢特 : 나귀와 노새와 송아지, 즉 가축을 말한다.

駭	놀랄 해	一 丆 F F 馬 馬 馬 馬 馬 駭 駭 駭 駭 駭
		駭怪(놀랄 해, 괴이할 괴) 매우 괴이함.
		駭擧(놀랄 해, 들 거) 해괴한 짓.
躍	뛸 약	丨 口 ロ 足 足 足 趵 趵 趵 躍 躍 躍 躍
		躍進(뛸 약, 나갈 진) 힘차게 앞으로 뛰어나가는 것.
		跳躍(뛸 도, 뛸 약) 몸을 위로 솟구쳐 뛰는 것.
超	뛰어넘을 초	一 十 土 キ キ 走 走 走 起 起 起 超 超
		超越(뛰어넘을 초, 넘을 월) 한도나 표준을 뛰어넘음.
		超人(뛰어넘을 초, 사람 인) 보통보다 훨씬 뛰어난 능력을 가진 사람.
驤	달릴 양	丆 F F 馬 馬 馬 馬 馬 馬 驤 驤 驤 驤
		뛰다. 달리다.

駭躍超驤 : 뛰고 달리며 노는 가축의 모습을 말한다.

驢騾犢特 : 나귀와 노새와 송아지, 즉 가축을 말한다.

駭躍超驤 : 뛰고 달리며 노는 가축의 모습을 말한다.

誅斬賊盜

誅 벨 주	一 亠 言 言 言 言 言 訁 訃 訐 誅 誅
	誅滅(벨 **주**, 멸할 **멸**) 죄인을 쳐죽여 멸함.

斬 벨 참	一 亓 亓 亓 百 亘 車 斬 斬 斬 斬
	斬刑(벨 **참**, 형벌 **형**) 목을 베어 죽이는 것. 또는, 그러한 형벌. 참수형(斬首刑).

賊 도적 적	丨 冂 冂 冃 目 貝 貝 貝 貯 貯 賊 賊 賊
	賊反荷杖(도둑 **적**, 돌아올 **반**, 연꽃 **하**, 지팡이 **장**) 도둑이 매를 듦.
	盜賊(도둑 **도**, 도둑 **적**) 남의 물건을 훔치거나 빼앗는 사람.

盜 도적 도	丶 冫 汀 沪 沪 汝 次 次 洛 洛 盜 盜
	盜癖(도둑 **도**, 버릇 **벽**) 남의 물건을 훔치는 버릇.
	強盜(강할 **강**, 도둑 **도**) 폭행이나 협박으로 남의 재물을 빼앗는 도둑.

誅斬賊盜 : 역적과 도적을 베어 물리치고

捕獲叛亡

捕 잡을 포	一 十 扌 扩 打 扩 折 拍 捕 捕
	捕縛(잡을 **포**, 묶을 **박**) 잡아서 묶는 것.
	逮捕(미칠 **체**, 잡을 **포**) 범죄혐의가 있는 사람을 강제로 잡는 것.

獲 얻을 획	丿 犭 犭 犭 犳 犳 犳 犳 獐 獐 獲 獲 獲
	獲得(얻을 **획**, 얻을 **득**) 얻는 것. 자기의 것으로 만드는 것.
	鹵獲(노략질 **노**, 얻을 **획**) 싸워서 적의 군용품을 빼앗는 것.

叛 배반할 반	丿 ハ 厶 乌 半 判 判 叛 叛
	叛亂(배반할 **반**, 어지러울 **란**) 정부·지배자 등을 거역하여 내란을 일으키는 일.

亡 잊을 망	丶 亠 亡
	亡國(잊을 **망**, 나라 **국**) ①망한 나라. ②나라를 망침.
	亡命(잊을 **망**, 목숨 **명**) 사상·정치적 이유로 외국으로 도망하는 일.

捕獲叛亡 : 배반하고 도망하는 자를 잡아 죄를 다스린다.

誅斬賊盜

誅斬賊盜 : 역적과 도적을 베어 물리치고

捕獲叛亡

捕獲叛亡 : 배반하고 도망하는 자를 잡아 죄를 다스린다.

布	베 포	一 ナ 才 右 布
		布木(베 포, 나무 목) 베와 무명. 流布(흐를 유, 베 포) 세상에 널리 퍼지는 것.
射	쏠 사	′ ſ ή ή 自 身 身 身 射 射
		射擊(쏠 사, 칠 격) 화포·총·활 등을 쏘는 것. 發射(필 발, 쏠 사) 총·대포·로킷을 쏘는 것.
遼	멀 료	一 ナ 大 尢 犬 存 春 夆 尞 尞 尞 尞 尞 遼
		遼遠(멀 요, 멀 원) 멀고도 멂.
丸	탄자 환	ノ 九 丸
		丸藥(탄자 환, 약 약) 알약.

布射遼丸 : 한나라의 여포는 활을 잘 쏘았고 의료는 탄자를 잘 던졌다.

嵇	메 혜	′ ʹ 千 千 禾 禾 禾 秆 秆 秆 秸 嵇
		산이름.
琴	거문고 금	一 T 千 王 王 珏 珏 珏 琹 琹 琴
		거문고.
阮	성 완	ʒ ʖ ʖ⁻ ʖ⁻ ʖ⁻ 阮
		①나라 이름. ②성(姓) 이름. ③악기 이름.
嘯	휘파람 소	ㅣ 口 口 吖 咛 咛 咛 咛 嘯 嘯 嘯 嘯 嘯 嘯
		①휘파람 불다. ②읊다. 읊조림. ③부르짖다.

嵇琴阮嘯 : 위나라의 혜강은 거문고를 잘 타고 완적은 휘파람을 잘 불었다.

布射遼丸 : 한나라의 여포는 활을 잘 쏘았고 의료는 탄자를 잘 던졌다.

嵇琴阮嘯 : 위나라의 혜강은 거문고를 잘 타고 완적은 휘파람을 잘 불었다.

恬	편안 **염**	丿 丨 忄 忄 忄 忭 恬 恬 恬 ①편안하다. ②조용하다.
筆	붓 **필**	丿 𠂉 𠂉 𠂉 𠂉 𥫗 𥫗 筆 筆 筆 筆 筆 筆墨(붓 **필**, 먹 **묵**) 붓과 먹. 筆談(붓 **필**, 말씀 **담**) 글로 써서 의사를 통하는 것.
倫	인륜 **륜**	丿 亻 亻 亻 伶 伶 伶 倫 倫 倫 倫理(인륜 **윤**, 이치 **리**) 사람으로 마땅히 행하고 지켜야 할 도리. 悖倫(거스릴 **패**, 인륜 **륜**) 인간의 도리에 어그러지는 것.
紙	종이 **지**	𠃋 𠃋 纟 纟 纟 糸 糸 紀 紅 紙 紙 紙業(종이 **지**, 업 **업**) 종이를 생산 또는 판매하는 영업. 白紙(흰 **백**, 종이 **지**) 흰 종이.

恬筆倫紙 : 진국 봉녕은 토끼털로 처음 붓을 만들었고 후한 채륜은 처음 종이를 만들었다.

鈞	무게단위 **균**	丿 亠 亠 亠 牟 牟 金 金 金 鈞 鈞 鈞 ①서른 근. 30근(斤) ②고르다. 고르게 하다.
巧	공교할 **교**	一 丁 工 巧 巧 巧猾(공요할 **교**, 교활할 **활**) 간사하고 꾀가 많음.
任	맡길 **임**	丿 亻 亻 仁 任 任 任命(맡길 **임**, 목숨 **명**) 일정한 직무를 맡기는 것. 責任(꾸짖을 **책**, 맡길 **임**) 맡아서 행하지 않으면 안되는 임무.
釣	낚시 **조**	丿 亠 亠 亠 牟 牟 金 金 金 釣 釣 釣竿(낚시 **조**, 대줄기 **간**) 낚싯대.

鈞巧任釣 : 위국 마균은 지남거를 만들고 전국시대 임공자는 낚시를 만들었다.

恬筆倫紙 : 진국 봉녕은 토끼털로 처음 붓을 만들었고 후한 채륜은 처음 종이를 만들었다.

鈞巧任釣 : 위국 마균은 지남거를 만들고 전국시대 임공자는 낚시를 만들었다.

釋	풀을 석	´ ´ ´ ㅍ 平 乎 采 釆 釈 粎 释 释 釋 釋
		釋放(풀 석, 놓을 방) 구속된 사람을 풀어 자유롭게 하는 것. 釋然(풀 석, 그럴 연) 의문이나 꺼림칙한 것이 풀려 개운함.
紛	어지 러울 분	´ ´ ź ź 幺 糸 糸 糸 糽 糽 紛 紛
		紛紛(어지러울 분) 뒤숭숭하고 수선스러움. 粉末(어지러울 분, 끝 말) 가루.
利	이로울 리	´ ´ ´ 千 禾 禾 利 利
		利點(이로울 이, 검은점 점) 이익이 되는 점. 暴利(사나울 폭, 이로울 리) 부당한 이득.
俗	풍속 속	´ ´ ´ ´ ´ ´ 伲 伲 俗 俗
		俗談(풍속 속, 말씀 담) 옛부터 민간에 전해오던 격언. 風俗(바람 풍, 풍속 속) 옛부터 전해온 생활 전반에 걸친 습관.

釋紛利俗 : 이상 팔인의 재주를 다하여 어지러움을 풀어 풍속에 이롭게 하였다.

竝	아우를 병	´ ´ ´ ㅗ 立 立 立 竝 竝 竝
		竝立(아우를 병, 설 립) 나란히 함께 섬. 竝設(아우를 병, 베풀 설) 한군데 아울러 설치함.
皆	다 개	´ ヒ ヒ 比 比 毕 毕 皆 皆
		皆勤(다 개, 부지런할 근) 하루도 빠짐없이 출석·출근함.
佳	아름 다울 가	´ ´ ´ ´ ´ 佳 佳 佳
		佳人(아름가울 가, 사람 인) 아름다운 여자. 미인. 佳作(아름다울 가, 지을 작) 잘된 작품.
妙	묘할 묘	´ ´ 女 女 女 妙 妙 妙
		妙味(묘할 묘, 맛 미) 미묘한 재미나 흥취. 妙技(묘할 묘, 재주 기) 교묘한 기술과 재주.

竝皆佳妙 : 모두가 아름다우며 묘한 재주였다.

釋紛利俗

釋紛利俗 : 이상 팔인의 재주를 다하여 어지러움을 풀어 풍속에 이롭게 하였다.

竝皆佳妙

竝皆佳妙 : 모두가 아름다우며 묘한 재주였다.

터럭 모	ノ 二 三 毛
	毛髮(터럭 **모**, 터럭 **발**) 사람의 머리털. 毛皮(터럭 **모**, 가죽 **피**) 털가죽.
베풀 시	` 亠 丆 方 方 㐱 斻 斿 施 施
	施主(베풀 **시**, 주인 **주**) 중에게 또는 절에 물건을 베풀어 줌. 施工(베풀 **시**, 장인 **공**) 공사를 착수하여 진행함.
맑을 숙	` 冫 氵 汁 汁 汁 沽 沽 浡 淑 淑
	淑女(맑을 **숙**, 계집 **녀**) 정숙한 여자. 덕행을 구비한 부녀. 賢淑(어질 **현**, 맑을 **숙**) 여자의 마음이 어질고 정숙함.
모양 자	一 フ ア 次 次 次 姿 姿
	姿態(모양 **자**, 태도 **태**) 몸을 가지는 태도나 맵시. 姿勢(모양 **자**, 형세 **세**) 몸을 가누는 모양.

毛施淑妙 : 모는 오의 모타라는 여인이고 시는 월의 서시라는 여인인데 모두 절세미인이다.

장인 공	一 T 工
	工場(장인 **공**, 마당 **장**) 생산 설비를 가지고 상품을 만드는 곳. 工作(장인 **공**, 지을 **작**) 물건을 만드는 일.
찡그릴 빈	ノ 冂 口 叮 吁 吁 吁 嚬 嚬 嚬 嚬 嚬 嚬
	嚬蹙(찡그릴 **빈**, 부끄러울 **축**) 불쾌하여 얼굴을 찡그림.
고을 연	乚 乄 女 女 女 好 好 妍 妍
	①곱다. ②연약하다.
웃음 소	ノ 𠂉 ⺮ 𥫗 𥫗 𥫗 竺 笁 笑
	微笑(작을 **미**, 웃음 **소**) 소리를 내지 않고 빙긋이 웃는 것.

工嚬妍笑 : 이 두 여인의 웃는 모습이 곱고 아름다웠다.

毛施淑姿

毛施淑妙 : 모는 오의 모타라는 여인이고 시는 월의 서시라는 여인인데 모두 절세미인이다.

工嚬姸笑

工嚬姸笑 : 이 두 여인의 웃는 모습이 곱고 아름다웠다.

年	해 년	ノ ／ ⺦ ⺦ 歩 年
		年次(해 **연**, 버금 **차**) ①나이 차례. ②햇수의 차례. 今年(이제 **금**, 해 **년**) 올해.
矢	화살 시	ノ ／ ⺦ 矢 矢
		矢言(화살 **시**, 말씀 **언**) 아주 굳게 언약함.
每	매양 매	ノ ／ ⺈ 勹 勺 每 每
		每樣(매양 **매**, 모양 **양**) 항상 그 모양으로. 每事(매양 **매**, 일 **사**) 일마다.
催	재촉할 최	ノ 亻 亻' 亻'' 亻'' 伊 伊 伊 倠 倠 催 催
		催告(재촉할 **최**, 알릴 **고**) 상대방에게 일정한 행위를 하도록 독촉하는 통지를 내는 일.

年矢每催 : 세월이 화살처럼 빠르게 흘러 항상 다음 해를 재촉한다.

羲	사람이름 희	` ´´ ⺍ 丷 兰 半 羊 羊 恙 莠 義 義 羲
		伏羲氏(엎드릴 **복**, 사람이름 **희**, 성씨 **씨**) 중국 신화에 나오는 중국의 제왕.
暉	빛날 휘	丨 冂 冃 日 日' 日'' 旷 旿 晖 晖 暄 暉
		暉映(빛날 **휘**, 비칠 **영**) 빛나 비침.
朗	밝을 랑	` ´ ⺈ ⺈ 户 良 良 良 朗 朗 朗
		朗讀(밝을 **낭**, 읽을 **독**) 소리를 높이어 읽음. 朗朗(밝을 **낭**, 밝을 **랑**) ①소리가 명랑한 모양. ②밝은 모양.
曜	빛날 요	丨 冂 冃 日 日' 日'' 日'' 日'' 日''' 日''' 日''' 曜 曜 曜
		曜日(빛날 **요**, 날 **일**) 월·화·수·목·금·토·일에 붙어 1주일의 각 날을 나타내는 말.

羲暉朗曜 : 날마다 떠오르는 태양이 온 누리를 밝게 비춰준다.

年矢每催 : 세월이 화살처럼 빠르게 흘러 항상 다음 해를 재촉한다.

羲暉朗曜 : 날마다 떠오르는 태양이 온 누리를 밝게 비춰준다.

璇	구슬 선	一丁王王王玨玹玹玹玹琁琁璇璇
		아름다운 구슬.
璣	구슬 기	一丁王王王玉玑玑玑珄珄璣璣璣
		①구슬. ②혼천의(渾天儀)
懸	매달 현	丨目且県県県県県縣縣縣縣懸懸
		①매달다. ②고을. 縣令(고을 **현**, 하여금 **령**) 현(縣)의 원.
斡	돌 알	一十十古古古直卓卓斡斡斡斡斡
		①관리하다. 돌보다. ②두르다. ③돌다.

璇璣懸斡 : 옛날 중국의 천문학자들은 선기(璇璣)라는 구슬로 만든 혼천의(渾天儀)를 공중에 매달아놓고 돌려가며 천체의 움직임과 위치를 관측하였다.

晦	그믐 회	丨冂月日日'日'旳旳晦晦晦
		晦朔(그믐 **회**, 초하루 **삭**) 그믐과 초하루.
魄	넋 백	'丨冂白白白'白'的的的魄魄魄
		氣魄(기운 **기**, 넋 **백**) 씩씩한 기력과 진취성 있는 기상. 魂魄(혼 **혼**, 넋 **백**) 넋.
環	고리 환	一丁王王王圹玨玨珺珺環環環環
		環境(고리 **환**, 지경 **경**) 자연적 조건이나 사회적 상황.
照	비칠 조	丨冂日日旷旷昭昭昭照照照
		照明(비칠 **조**, 밝을 **명**) 빛으로 밝게 비추는 것.

晦魄環照 : 달은 그믐이 되면 이지러졌다가 다시 돌고 돌아 보름이 되면 온 세상을 비춰 준다.

璇璣懸幹 : 옛날 중국의 천문학자들은 선기(璇璣)라는 구슬로 만든 혼천의(渾天儀)를 공중에 매달아놓고 돌려가며 천체의 움직임과 위치를 관측하였다.

晦魄環照 : 달은 그믐이 되면 이지러졌다가 다시 돌고 돌아 보름이 되면 온 세상을 비춰 준다.

指	가리킬 지	一 十 扌 扌 扩 抪 指 指 指 指揮(가리킬 **지**, 흩을 **휘**) 어떤 목적을 효과적으로 이루기 위하여 단체의 행동을 통솔하는 것.
薪	섶 신	一 艹 艹 艹 艹 苙 芇 莾 萛 新 薪 薪 薪 薪水(섶 **신**, 물 **수**) ①땔나무와 물. ②나무를 하고 물을 길음. 곧, 밥 짓는다는 뜻.
修	닦을 수	丿 亻 亻 伫 攸 攸 修 修 修 修了(닦을 **수**, 마칠 **료**) 일정한 과정을 배워서 마침. 修業(닦을 **수**, 업 **업**) 학업 또는 기예를 닦음.
祐	복 우	一 二 亍 示 示 示 衤 衤 祐 祐 天祐(하늘 **천**, 복 **우**) 하늘의 도움.

指薪修祐 : 장자(莊子)는 섶의 정령(精靈)을 사람에 비유, 섶이 다 타면 사람이 죽는 것으로 생각하여 목숨이 다할 때까지 착한 일을 해야 한다고 했다.

永	길 영	丶 亅 亅 永 永 永遠(길 **영**, 멀 **원**) 어떤 상태가 끝없이 이어짐. 永眠(길 **영**, 잠 **면**) 영원한 잠. 죽음.
綏	편안할 유	丿 幺 幺 幺 糸 糸 糸 糸 糸 紵 紵 綏 綏 ①편안하다. ②수레 손잡이 줄.
吉	좋을 길	一 十 土 吉 吉 吉 吉日(좋을 **길**, 날 **일**) 좋은 날. 吉凶(좋을 **길**, 흉할 **흉**) 행복과 불행.
邵	높을 소	丁 刀 刀 刀 刀 邵 邵 邵 ①높음. ②고을 이름. ③성(姓) 이름.

永綏吉邵 : 착한 일을 많이 하여 덕을 쌓은 사람에게는 반드시 그 편안함이 영원할 것이고, 하늘이 복을 내려 좋은 일만 생기게 될 것이다.

指薪修祐 : 장자(莊子)는 섶의 정령(精靈)을 사람에 비유, 섶이 다 타면 사람이 죽는 것으로 생각하여 목숨이 다할 때까지 착한 일을 해야 한다고 했다.

永綏吉邵 : 착한 일을 많이 하여 덕을 쌓은 사람에게는 반드시 그 편안함이 영원할 것이고, 하늘이 복을 내려 좋은 일만 생기게 될 것이다.

矩步引領

법 구 — 矩
丿 𠂉 𠂊 𠂉 矢 矢 矢 知 矩 矩
① 곱자. 곡척(曲尺). ② 네모. 사각형. ③ 모. 모서리. ④ 법. 법도.

걸음 보 — 步
丨 ㅏ 屮 止 눈 步 步
步行(걸음 **보**, 갈 **행**) 걸어서 감.
進步(나갈 **진**, 걸음 **보**) 사물의 내용이나 정도가 향상되는 것.

끌 인 — 引
フ ⼸ 弓 引
引力(끌 **인**, 힘 **력**) 끌어당기는 힘.
引上(끌 **인**, 윗 **상**) 물가, 요금, 봉급 따위를 올림.

고개 령 — 領
丿 𠂉 𠂊 今 今 合 𠇗 鈩 領 領 領 領 領 領
領收(고개 **영**, 받을 **수**) 받아 들임.
領土(고개 **영**, 흙 **토**) 한 나라의 통치권이 미치는 지역.

矩步引領 : 임금님 앞에서 신하는 법도에 맞는 발걸음으로 옷깃을 여미고, 고개 숙여 바른 자세로 걸어야 한다.

俯仰廊廟

머리숙일 부 — 俯
丿 亻 亻 𠆢 𠆢 俨 侉 俯 俯 俯
俯伏(고개숙일 **부**, 업드릴 **복**) 고개를 숙이고 업드림.

우러를 앙 — 仰
丿 亻 亻 化 佁 仰
仰望(우러를 **앙**, 바랄 **망**) 삼가 바람.

행랑 랑 — 廊
丶 亠 广 广 庁 庐 庐 庐 庐 廊 廊 廊
畵廊(그림 **화**, 행랑 **랑**) 그림 등 미술품을 진열하여 전시하는 곳.
行廊(갈 **행**, 행랑 **랑**) 대문의 양쪽이나 문간 옆에 있는 방.

사당 묘 — 廟
丶 亠 广 广 广 庐 庐 庙 庙 庿 廟 廟 廟
宗廟(마루 **종**, 사당 **묘**) 역대 제왕의 위패를 모시는 왕실의 사당.

俯仰廊廟 : 궁궐이나 사당의 복도 또는 정부 궁궐 안에서, 신하는 고개를 숙이고 쳐드는 것 모두를 예의를 차려 엄숙하게 하여야 한다.

矩步引領：임금님 앞에서 신하는 법도에 맞는 발걸음으로 옷깃을 여미고, 고개 숙여 바른 자세로 걸어야 한다.

俯仰廊廟：궁궐이나 사당의 복도 또는 정부 궁궐 안에서, 신하는 고개를 숙이고 쳐드는 것 모두를 예의를 차려 엄숙하게 하여야 한다.

束	묶을 속	一 厂 戸 戸 東 束 束
		束縛(묶을 **속**, 얽을 **박**) 강압적으로 얽어매거나 제한을 가하여 자유롭지 못하게 하는 것.
帶	띠 대	一 卄 卄 卅 冊 卌 帶 帶 帶 帶
		帶同(띠 **대**, 함께 **동**) 데리고 함께 감. 玉帶(구슬 **옥**, 띠 **대**) 옥으로 만든 띠.
矜	자랑할 긍	丶 ノ マ 予 矛 矜 矜 矜 矜
		矜持(자랑할 **긍**, 가질 **지**) 자신의 능력을 믿음으로써 가지는 자랑. 自矜(스스로 **자**, 자랑할 **긍**) 자기 스스로 하는 자랑.
莊	씩씩할 장	一 艹 艹 艹 卄 壯 莊 莊 莊 莊
		莊嚴(씩씩할 **장**, 엄할 **엄**) 씩씩하고 엄숙함. 山莊(메 **산**, 씩씩할 **장**) 산 속에 지은 별장.

束帶矜莊 : 군자는 조정에서 예의를 갖추어 정복을 단정히 입고, 허리를 띠로 묶은 다음 자랑스럽고 씩씩하게 걷는다.

徘	배회할 배	丶 ノ 彳 彳 彳 徘 徘 徘 徘 徘 徘
		徘徊(배회할 **배**, 배회할 **회**) 일정한 목표가 없이 천천히 이리저리 거닒.
徊	배회할 회	丶 ノ 彳 彳 彳 彳 徊 徊 徊
		徊徨(배회할 **회**, 노닐 **황**) 정처 없이 떠돌아다님.
瞻	바라볼 첨	丨 冂 目 目 目' 目' 瞻 瞻 瞻 瞻 瞻 瞻
		瞻星臺(바라볼 **첨**, 별 **성**, 집 **대**) 신라 선덕여왕 때에 만들어진 동양 최고의 천문 관측대.
眺	볼 조	丨 冂 目 目 目 眺 眺 眺 眺 眺
		眺臨(볼 **조**, 임할 **림**) 내려다 봄. 眺望(볼 **조**, 바랄 **망**) 먼곳을 널리 바라봄.

徘徊瞻眺 : 또한 군자는 목적 없이 이리저리 돌아다니거나 할일 없이 빈둥거려 품위를 잃지 않으며, 먼 곳이나 아무데고 눈을 돌려 바라보지 않는다.

束帶矜莊 : 군자는 조정에서 예의를 갖추어 정복을 단정히 입고, 허리를 띠로 묶은 다음 자랑스럽고 씩씩하게 걷는다.

徘徊瞻眺 : 또한 군자는 목적 없이 이리저리 돌아다니거나 할일 없이 빈둥거려 품위를 잃지 않으며, 먼 곳이나 아무데고 눈을 돌려 바라보지 않는다.

孤	외로울 고	ⸯ 了 孑 孒 孓 孤 孤 孤
		孤獨(외로울 고, 홀로 독) 혼자서 외로운 것. 孤兒(외로울 고, 아이 아) 부모를 여의어 몸 붙일 곳이 없는 아이.
陋	더러울 루	ⸯ ⻖ ⻖ ⻖⁻ ⻖ 陋 陋 陋
		陋醜(더러울 누, 추할 추) 지저분하고 더러움.
寡	적을 과	ⸯ ⸯ 宀 宀 宀 宀 宁 宁 宣 寡 寡 寡 寡
		寡德(적을 과, 큰 덕) 덕이 적음. 寡守(적을 과, 지킬 수) 홀어미.
聞	들을 문	⎸ ⎸ ⎸ ⎸ 門 門 門 門 門 聞 聞 聞 聞
		聞見(들을 문, 볼 견) 보고 들은 것. 聞香(들을 문, 향기 향) 향내를 맡음.

孤陋寡聞 : 이 글을 지은 주홍사(周興嗣) 자신이 외롭게 자라서 보고 들음이 적기 때문에 아는 것이 없다는 뜻이다.

愚	어리석을 우	ⸯ 口 日 日 吕 禺 禺 禺 禺 愚 愚 愚
		愚鈍(어리석을 우, 둔할 둔) 어리석고 둔함. 愚昧(어리석을 우, 어두울 매) 어리석고 몽매함.
蒙	어릴 몽	ⸯ ⸯ ⸯ 艹 艹 芦 芦 艹 夢 夢 蒙 蒙 蒙
		蒙昧(어릴 몽, 어두울 매) 사리에 어리석고 어두움. 啓蒙(열 계, 어릴 몽) 바른 생각을 가지도록 깨우쳐 주는 것.
等	등급 등	ⸯ ⸯ ⸯ 𥫗 𥫗 𥫗 𥫗 笁 笁 等 等
		等位(등급 등, 자리 위) 지위, 상하의 구별. 等閑(등급 등, 한가할 한) 대수롭게 여기지 아니 함.
誚	꾸짖을 초	ⸯ ⸯ ⸯ 言 言 言 言 言 誚 誚 誚 誚 誚
		나무람. 꾸짖음.

愚蒙等誚 : 그러므로 이 천자문 중에서 잘못 지은 곳이 있어 여러 사람의 비웃음과 꾸지람을 들어도 주홍사(周興嗣) 자신은 어리석음을 면하지 못한다는 말이다.

孤陋寡聞

孤陋寡聞 : 이 글을 지은 주흥사(周興嗣) 자신이 외롭게 자라서 보고 들음이 적기 때문에 아는 것이 없다는 뜻이다.

愚蒙等誚

愚蒙等誚 : 그러므로 이 천자문 중에서 잘못 지은 곳이 있어 여러 사람의 비웃음과 꾸지람을 들어도 주흥사(周興嗣) 자신은 어리석음을 면하지 못한다는 말이다.

謂	이를 위	丶 亠 亠 言 言 言 言 訁 訂 謂 謂 謂 謂 謂
		所謂(바 소, 이를 위) 이른바.
語	말씀 어	丶 亠 亠 言 言 言 言 訁 訂 語 語 語 語
		語學(말씀 어, 배울 학) 외국어를 연구하거나 습득하는 학문. 國語(나라 국, 말씀 어) 그 나라의 국민이 사용하는 말.
助	도울 조	丨 冂 冃 目 且 助 助
		助力(도울 조, 힘 력) 힘을 도와주는 것. 協助(화할 협, 더할 조) 힘을 모아 서로 돕는 것.
者	사람 자	一 十 土 耂 耂 耂 者 者 者
		勝者(이길 승, 사람 자) 싸움이나 경기에서 이긴 사람. 이긴 편. 敗者(패할 패, 사람 자) 싸움이나 경기에서 패한 사람. 패한 편.

謂語助者 : 어조사는 실질적인 뜻은 없고 말의 뜻을 뒷받침해 주거나 완성시키는 보조적인 구실만 할 뿐이다.

焉	어조사 언	一 丅 下 正 正 䒑 焉 焉 焉 焉 焉
		焉敢(어조사 언, 구태 감) 어찌 감히. 감히 하지 못함을 뜻함.
哉	어조사 재	一 十 土 士 吉 吉 㦱 哉 哉
		嗚呼痛哉(탄식할 오, 부를 호, 아플 통, 어조사 재) '아아 슬프고 원통하다.'의 뜻.
乎	어조사 호	丶 丿 ⺍ 亚 乎
		어조사.
也	어조사 야	𠃌 力 也
		어조사.

焉哉乎也 : 언재호야(焉哉乎也)는 어조사이다.

謂語助者

謂	謂	謂	謂	謂	謂	謂	謂	謂
語	語	語	語	語	語	語	語	語
助	助	助	助	助	助	助	助	助
者	者	者	者	者	者	者	者	者

謂語助者: 어조사는 실질적인 뜻은 없고 말의 뜻을 뒷받침해 주거나 완성시키는 보조적인 구실만 할 뿐이다.

焉哉乎也

焉	焉	焉	焉	焉	焉	焉	焉	焉
哉	哉	哉	哉	哉	哉	哉	哉	哉
乎	乎	乎	乎	乎	乎	乎	乎	乎
也	也	也	也	也	也	也	也	也

焉哉乎也: 언재호야(焉哉乎也)는 어조사이다.

모양이 비슷한 한자

- 刀(도) : 칼
- 力(력) : 힘

- 人(인) : 사람
- 入(입) : 들다
- 八(팔) : 여덟

- 干(간) : 방패
- 于(우) : 어조사
- 千(천) : 일천

- 己(기) : 몸
- 已(이) : 이미
- 巳(사) : 뱀

- 大(대) : 크다
- 太(태) : 크다
- 犬(견) : 개

- 才(재) : 재주
- 寸(촌) : 마디

- 土(토) : 흙
- 士(사) : 선비

- 今(금) : 이제
- 令(령) : 명령

- 比(비) : 견주다
- 北(북) : 북쪽
- 此(차) : 이

- 水(수) : 물
- 氷(빙) : 얼음
- 永(영) : 길다

- 手(수) : 손
- 毛(모) : 털

- 午(오) : 낮
- 牛(우) : 소

- 友(우) : 벗
- 反(반) : 돌이키다
- 及(급) : 미치다
- 乃(내) : 이에

- 日(일) : 해
- 曰(왈) : 가로되

- 壬(임) : 북방
- 王(왕) : 임금
- 玉(옥) : 구슬

- 天(천) : 하늘
- 夫(부) : 지아비
- 失(실) : 잃다

- 匹(필) : 짝
- 四(사) : 넷

- 甲(갑) : 갑옷
- 申(신) : 펴다

- 巨(거) : 크다
- 臣(신) : 신하

- 古(고) : 예
- 吉(길) : 길하다

- 代(대) : 대신
- 伐(벌) : 치다

- 卯(묘) : 토끼
- 卵(란) : 알

- 戊(무) : 천간
- 戌(술) : 개

- 未(미) : 아니다
- 末(말) : 끝

- 因(인) : 인하다
- 困(곤) : 곤하다

- 田(전) : 밭
- 由(유) : 말미암다

- 且(차) : 또
- 見(견) : 보다
- 貝(패) : 조개

- 他(타) : 다르다
- 地(지) : 땅

- 布(포) : 펴다
- 市(시) : 시장

- 乎(호) : 어조사
- 平(평) : 평평하다

- 老(로) : 늙다
- 考(고) : 생각하다
- 孝(효) : 효도

- 名(명) : 이름
- 各(각) : 각각

- 亦(역) : 또한
- 赤(적) : 붉다

- 字(자) : 글자
- 宇(우) : 집

- 刑(형) : 형벌
- 形(형) : 모양

- 決(결) : 결단하다
- 快(쾌) : 시원하다

⎡技(기) : 재주 ⎣枝(지) : 가지	⎡科(과) : 과목 ⎣料(료) : 헤아리다	⎡族(족) : 겨레 ⎣旅(려) : 나그네
⎡辛(신) : 맵다 ⎣幸(행) : 다행하다	⎡思(사) : 생각하다 ⎣恩(은) : 은혜	⎡從(종) : 좇다 ⎣徒(도) : 무리
⎡住(주) : 살다 ⎢佳(가) : 아름답다 ⎣往(왕) : 가다	⎡俗(속) : 속되다 ⎣浴(욕) : 목욕하다	⎡情(정) : 뜻 ⎢淸(청) : 맑다 ⎣精(정) : 정밀하다
⎡村(촌) : 시골 ⎣材(재) : 재목	⎡重(중) : 무겁다 ⎣童(동) : 아이	⎡閉(폐) : 닫다 ⎣閑(한) : 한가하다
⎡季(계) : 끝 ⎣秀(수) : 빼어나다	⎡眠(면) : 잠자다 ⎣眼(안) : 눈	⎡開(개) : 열다 ⎣聞(문) : 듣다
⎡明(명) : 밝다 ⎣朋(붕) : 벗	⎡書(서) : 쓰다 ⎢晝(주) : 낮 ⎣畫(화) : 그림	⎡飯(반) : 밥 ⎣飮(음) : 마시다
⎡杯(배) : 잔 ⎣林(림) : 수풀	⎡逆(역) : 거스르다 ⎣送(송) : 보내다	⎡順(순) : 순하다 ⎣須(수) : 모름지기
⎡使(사) : 부리다 ⎣便(편) : 편하다	⎡悅(열) : 기쁘다 ⎣說(설) : 말하다	⎡與(여) : 주다 ⎣興(흥) : 일다
⎡雨(우) : 비 ⎣兩(량) : 둘	⎡容(용) : 얼굴 ⎣客(객) : 손님	⎡雲(운) : 구름 ⎣雪(설) : 눈
⎡直(직) : 곧다 ⎣眞(진) : 참	⎡借(차) : 빌다 ⎣惜(석) : 아깝다	⎡場(장) : 마당 ⎣揚(양) : 들날리다
⎡彼(피) : 저 ⎣波(파) : 물결	⎡祝(축) : 빌다 ⎣稅(세) : 세금	⎡喜(희) : 기쁘다 ⎣善(선) : 착하다
⎡門(문) : 문 ⎢問(문) : 묻다 ⎣間(간) : 사이	⎡敎(교) : 가르치다 ⎣效(효) : 본받다	⎡新(신) : 새롭다 ⎣親(친) : 친하다
⎡看(간) : 보다 ⎣着(착) : 붙다	⎡深(심) : 깊다 ⎣探(탐) : 더듬다	⎡憶(억) : 생각하다 ⎣億(억) : 억
⎡苦(고) : 쓰다 ⎣若(약) : 같다	⎡鳥(조) : 새 ⎢烏(오) : 까마귀 ⎣島(도) : 섬	⎡勤(근) : 부지런하다 ⎢勸(권) : 권하다 ⎣歡(환) : 기쁘다

판 권
본사소유

千字文 한자쓰기

2019년 11월 5일 발행
엮은이 * 편집부
펴낸이 * 남병덕
펴낸곳 * 도서출판 신나라
주소 * 서울 마포구 독막로28길 63-4
      304호
      T.02)6735-2100 F.6735-2103
등록 * 1991년 10월 14일   제2016-344호
*잘못된 책은 바꾸어 드립니다
값 9,500원